Co-Creation

An Emerging Paradigm for Tackling Wicked Problems

in the VUCA World

共创

剧变时代顽劣问题的应对之道

王超　许睿谦　著

清华大学出版社

北京

内 容 简 介

本书为各类组织及个体如何应对剧变时代与顽劣问题提供思路、方法及工具。基于所提出的"环境系统 × 问题"分析矩阵，帮助读者判别其处境的本质特征，并理解为何共创（Co-creation）是越来越重要的应对范式。作者结合理论演绎与多年来的亲身实践，对共创的范式与概念进行了系统性阐述。本书读者对象包括企业、社会组织和政府机构中的各层级管理人员与行动者，以期帮助其更好地借助共创的力量，激发跨界互动与协同创新，促进创新的螺旋升级曲线。

图书在版编目（CIP）数据

共创：剧变时代顽劣问题的应对之道 / 王超，许睿谦著 . —北京：清华大学出版社，2023.12

ISBN 978-7-302-65019-5

Ⅰ . ①共…　Ⅱ . ①王…②许…　Ⅲ . ①管理学　Ⅳ . ① C93

中国国家版本馆 CIP 数据核字 (2023) 第 230906 号

责任编辑：张　莹
封面设计：傅瑞学
版式设计：方加青
责任校对：王凤芝
责任印制：曹婉颖

出版发行：清华大学出版社
　　　　　网　　　址：https://www.tup.com.cn，https://www.wqxuetang.com
　　　　　地　　　址：北京清华大学学研大厦 A 座　　　　邮　　编：100084
　　　　　社 总 机：010-83470000　　　　　　　　　　邮　　购：010-62786544
　　　　　投稿与读者服务：010-62776969，c-service@tup.tsinghua.edu.cn
　　　　　质 量 反 馈：010-62772015，zhiliang@tup.tsinghua.edu.cn
印 装 者：小森印刷（北京）有限公司
经　　销：全国新华书店
开　　本：170mm×240mm　　　印　　张：13　　　字　　数：209 千字
版　　次：2023 年 12 月第 1 版　　　印　　次：2023 年 12 月第 1 次印刷
定　　价：139.00 元

产品编号：103014-01

共创是个好方法

　　不确定性和复杂性是现实世界的固有特征，而社会科学各学科的理论都是片面的，它们给出的实践措施也多停留在理论的层面，无法指导不确定性条件下的实践。所以，国发院企业战略专家马浩教授说："决策就是拍脑袋"。对于企业来说，商场如战场，情况瞬息万变，企业没有时间进行深入研讨，领导人"拍脑袋"的本事就很重要。但"拍脑袋"总会出错，所以企业有生有死是常态。一家企业的生死对于全社会来说还不算大事的话，那如果公共决策也靠"拍脑袋"，犯错之后的成本就会很高。如何在不确定和复杂的环境里作出正确决策，就成为重要的问题。共创是解决这个问题的一个好方法。

　　"共创"是一个在今天很多场合下都会被提及的时髦概念，而阅读本书使我得以更系统地来理解共创的概念和方法论。在不确定的复杂环境下，决策者可能需要跳出基于单一视角和线索来"拍脑袋"的习惯，学会通过整合多元信息和智慧来支持决策和促进创新，这其实就涉及认知、思想和方法论的转变。简而言之，共创就是决策者、利益相关方和专家集聚在一起，围绕现实中复杂情景下的疑难问题进行头脑风暴和一系列的活动，形成一个初步方案，或称为"原型"，然后到实践中去检验，形成闭环以供有效反思；之后在此基础上再次开展一轮研讨，如此反复几轮，直到形成完备的行动方案为止。有意思的是，这个过程并不一定是线性和连续的，也有可能会因为共创而出现一些非线性、跃迁式的改变，带来颠覆式的创新，这也正是共创的魅力所在。

共创的一大特点是让跨界的、具有多样性和代表性的相关方走到一起，通过群策群力来激发灵感与创新。现实中的疑难问题一般涉及面广，而且因时、因地而不同，由单一组织或个体进行决策往往会产生片面的结果。让决策者和各利益相关方坐在一起研讨，可以获得更多和更有用的信息，而且，多样的信息开阔参与者的思路，更容易碰撞出创新的火花。我个人参加过村庄层面乡村振兴共创活动的研讨环节，印象很深。首先是村主任、第一书记、学者、企业家等共创参与者围成一圈就座，不设通常的领导座位，大家一律平等。其次是没有预设的发言顺序，也没有预设的主题，大家自由发言。所以，在讨论开始的时候根本看不出最后会产生什么结果。但随着讨论的深入，主题开始聚焦。尽管参与者之间不是很熟悉，但一旦讨论启动起来，大家的思路就打开了，各种思想和建议就源源不断地涌现出来。此时，共创组织者适时总结，引导讨论的方向，并延续大家在一起创新的能量。如此反复，最终形成一个汇聚多方共识和思考的行动方案。

共创并不止于一轮的研讨，而是一个要在行动与反馈中持续逼近满意答案的迭代过程。一次研讨形成的行动方案会应用到现实中，观察一段时间之后再次研讨，如此反复，实现方案的迭代。一个例子是国发院校友公益委员会开展的"乡村振兴·村长工作坊"培训班。这个培训班名为培训班，但主要目的是围绕村庄的乡村振兴模式进行共创。工作坊每期招收几十位村主任，请乡村发展领域的专家来讲课，但更为重要的是催化他们之间的共创活动。比如，他们分成不同的小组，每个组为一个村主任的村庄设计一个乡村振兴方案，然后向大家展示。通过这样的共创活动，村主任之间相互学习，回去之后制订本村的乡村振兴方案。村主任工作坊也组织现地学习活动，到学员的村庄开展现地考察和现地研讨。每期工作坊本身都是一次迭代，在迭代过程中提炼形成几个值得推广的乡村振兴模式。

本书作者王超教授是国内共创方法的倡导者，这些年也领导了北大国发院的共创活动。他和团队以社会行动与创新实验室为依托，响应可持续金融、乡村振兴等重要议题，促进政、商、社、学、研等多元立体的协同共创。呈现在读者面前的这本书，是他和博士后许睿谦几年理论探索和实践的总结。书中不仅有全面的理论阐释与探索，还有作者近年来在不同领域中的对共创实践的经验分享；这是国内第一部关于共创的专著，值得从事企业管理、公共决策和公益事业的人士阅读。

姚洋

2023 年 9 月 2 日

→ 为什么是共创

这是一个动荡、复杂的剧变时代。新冠疫情的暴发与大流行，深刻改变了我们所有人的工作与生活。事实上，我们早已踏入剧变时代，疫情只是以一种极端猛烈的方式唤醒了我们对所处剧变时代的认知。在全球化、多元化以及信息技术大变革等力量的纵深影响下，现实世界中的各类互动与互赖关系已然变得越来越复杂，人们预测未来和管控风险的难度加剧，这造成诸多事件面临混沌和失序。一方面，剧变时代是对我们身处的复杂外部环境的刻画；而另一方面，我们在环境中所要应对的问题也更多体现为难以清晰界定、非结构化的顽劣问题。当剧变时代叠加顽劣问题，很多曾经认为有用的经验、模式与方法因其前提假设的被颠覆而开始"失灵"。

剧变时代和顽劣问题所带来的影响几乎从未像今天这样深入各个领域、各个部门。无论政府、企业、社会机构，抑或家庭和个体；无论是叱咤风云的行业领袖，还是初出茅庐的创业者，若仅仅基于已有的经验与认知，孤立地采取线性或连续的规划思路，在诸多困境下都可能是徒劳的。本书将试图阐释为何共创是我们应对剧变时代与顽劣问题的一个重要"武器"。共创突破单一主体进行创新与实践的局限性，超越所谓的部门、专业领域以及层级，强调多元主体之间持续性地互动、协作、学习与反馈。

→ 任何组织和个体都可以借助共创来应对挑战

本书从一个一般性的视角来阐释共创。共创并非是一个全新的概念，近年来却得到越来越多学者及实务者的关注与讨论。然而，已有对共创的讨论大多都限定在某一具体情境，比如产品设计、商业模式、企业生态、公共治理等。不同领域的专家和学者讨论共创的语境不同，对共创的解读也各有侧重，这也使得很多概念容易被混淆使用，如产品交互设计、众包与众创、开放式商业模式、创造共享价值等。事实上，共创的意义并不只体现在生产活动或商业活动中，共创目标也并不局限于商业利益。本书对共创的阐释就是基于这样的一个应对各类复杂挑战的一般性视角。共创可以服务于不同主体并创造多个层面的价值：无论是政府、机构，还是家庭或个体，都可以借助共创范式来应对困境和创造价值；这里的价值不仅仅是经济价值，还包括解决社会问题、生态环境问题等过程中所创造的各类价值。

需要指出的是，我们呼吁对共创方法的认识和掌握，但并非主张共创是用来应对所有问题的万能钥匙或唯一路径。本书为读者提供了一个"环境系统 × 问题"的分析矩阵，以助于更好地判别我们的处境，并选择最契合的应对范式。矩阵呈现了"简单环境系统 × 可驯服问题""复杂环境系统 × 可驯服问题""简单环境系统 × 顽劣问题""复杂环境系统 × 顽劣问题"等情境，不同象限包含过去、今天和未来我们面临的各类挑战。面对前三个象限的挑战，我们运用过去已熟练掌握的分析范式、权变范式与迭代范式等仍可以是行之有效的。而当我们面对复杂环境系统和顽劣问题的交织叠加时，共创则可能是最为根本有效的应对范式。共创作为一种整合了分析、权变与迭代的集体努力，能够汇集多元的视域来看见问题和挑战，并凝聚集体的智慧来应对挑战。不同的组织和个体，需要对自身所处的环境和面对的问题加以区分并综合分析，进而把握有效的应对方向。

→ 系统掌握共创方法论——场域、过程与工具

共创的促成并非易事，共创也绝不是只要大家有合作意愿就能够自然发生的。无论是共创的召集者还是参与者，都需要了解和掌握共创的方法论，这包括共创的场域、过程与工具。营造共创的场域，是为多元、跨界的主体

走到一起提供平台和空间，形成并维护他们的共同愿景，并支持他们持续、有效地展开互动。由于专业领域、身份或层级的不同，多元主体在价值导向、认知、观念、行为规范等方面都可能存在互异甚至互斥的张力，这带来了共创的难度。有效的场域则具备催化、使能和学习三个重要功能，促进多元主体共同看见问题和挑战，在场域中分享信息、观念和思考，并不断进行碰撞和相互启发。

共创是一个持续、动态的过程。应对复杂环境下的顽劣问题，我们可能要放弃从一开始就得到完美答案的想法，因为有效的方案很难通过预先的分析和计划来确立。共创范式建立在集体智慧的基础之上，集体智慧是在互动、行动与反馈中不断被激发的，应对思路和方案可能无法预设一个清晰的起点，而是要在试验和迭代过程中才会浮现出来的。因此，本书提出了一个"原型—试验—反思—迭代"的共创过程，这颠覆了传统的分析或规划思路，由原型替代蓝图，由试验替代实施，由反思替代评估，由迭代替代规划。在此过程中，多元主体进行持续地观念碰撞、思想交流、协同行动与集体反思，而应对方案也会在原型呈现、分布试验、迭代更新等过程中不断完善。在共创相关活动中，恰当地运用一些工具可以帮助加速共创的过程或催化出更好的共创结果，如欣赏式探寻、圆圈分享、世界咖啡、3D 建模等。

→ 理论与实践经验的结晶

本书呈现的内容是理论对话与实践经验相融合的成果。依托于应用哲学的视角，本书对环境系统和问题进行区分并构建分析矩阵。本书对共创内涵的界定与阐释，则借鉴了管理学和社会学领域的相关理论。此外，笔者团队在管理实践、组织共创活动、课堂交流与反馈等方面的经验，帮助了我们构建并完善关于共创的价值、方法与工具。

本书笔者王超教授曾担任多家国际机构在中国的 COO、CEO 和首席代表，并参与多家国际、国内基金会和国际机构的治理与咨询工作，管理与实践中深切感知到共创的价值与意义。王超教授还曾担任清华大学—麻省理工学院跨界创新领导力（IDEAS）的首席教授，也是清华大学社会创新实验室（Ci-Lab）的创始人。就本书所阐释的共创相关理念，两位笔者在高校课堂进行过数次讲解与交流，同时也在企业、金融机构、公益组织等进行过数次宣讲，收获了诸多宝贵的现场反馈。近年来，本书的两位笔者共同组织和参与了数十轮的"共创工作坊"，主题涉及可持续金融、企业战略变革、乡村振兴、环境保护等；试图通过共创和社会实验的方式为应对当下剧变时代的一些顽劣问题贡献思路，并努力开发一系列方法与工具。

本书成稿离不开众多师生、朋友及机构的帮助和支持。感谢苏孟玥和邱敬甯同学，她们在北京大学读书时参与了大量的资料整理与内容完善工作；感谢博士后张晗，她在共创研究的资料整理与写作中做出了宝贵贡献；感谢北京大学国家发展研究院的姚洋教授、清华大学公共管理学院的王名教授、北京大学光华管理学院的杨东宁教授和浙江工商大学英贤慈善学院的程刚教授等对书稿的悉心审读，并提出了诸多宝贵建议；同时，重点感谢博时基金的王德英、黄瑞庆、万琼等团队同人，社会价值投资联盟的马蔚华主席以及白虹、李文、汪亦兵等团队同人，北大国发院公益委员会的刘京会长、田汉副会长、武雪松副会长以及余毅秘书长，北大国发院校友部的程军慧老师、施静老师和赵晔老师，清华大学公益慈善研究院的蓝煜昕老师、史迈老师、高晓丽老师以及博士生林顺浩、单良。他们和笔者一同深度参与到各主题下的共创实践中，基于行动为本书中的诸多重要思想提供了启发。

目 录

第一章

共创的大背景：
当剧变时代叠加顽劣问题

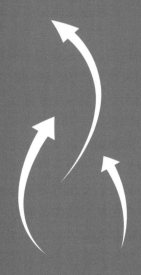

今天，几乎所有组织和个体都无法回避地被卷入到剧变时代和顽劣问题的影响当中：一方面，我们所处的环境已经进入高度复杂、波动和不确定的剧变时代；另一方面，我们所面临的问题更多体现为无法清晰界定、非结构化、不具备明确解决方案的顽劣问题。面对这样的处境，迫切需要我们在认知和方法论层面进行转型与升级。

1.1 黑天鹅、灰犀牛、疫情与 ChatGPT：冲击背后的共性

在今天的世界里，人们无法回避地被卷入各类重大冲击之中，因而不得不以更加开放的姿态来面对和适应冲击。无论是在商业领域，还是在金融、社会以及自然生态等领域，"黑天鹅""灰犀牛"事件接踵踏来。"黑天鹅"指那些意外的、不可预测的事件，其发生可能会带来巨大的影响和后果，比如金融危机、自然灾害等；而"灰犀牛"则指那些明知存在但可能被忽视的问题，比如气候变化、环境污染、社会不公等。这些事件都极具不确定性和复杂性，使人们常常难以预测和应对。这些冲击意味着组织或个体被频频置于突发的、无法预料的事件或现象之中，事态演化本身也呈现出非线性、不连续、非结构化的特征。

疫情更是以一种极端猛烈的方式警醒着我们。2020 年新冠疫情的暴发、蔓延，并一度出现大面积失控的态势，深刻影响了人们的生产、生活以及社会关系等方方面面。前所未有的疫情"大流行"进一步唤醒了人们对于剧变时代的认识，从个人出行与社交，到企业采购、经营、销售等供应链活动，再到国家经济社会稳定，乃至国际贸易关系与全球秩序等，都呈现出空前的不确定性。这种动荡跨越层次与阶级，不分领域与身份，寥寥数月就致使全球范围内的经济、政治、社会、文化等方面的矛盾并发。经济方面，各行各业几乎都遭受到疫情的显著影响，旅游、航空、餐饮等行业首当其冲，全球经济需求、供应以及产业链都面临巨大冲击，国际金融环境急剧恶化。

与此同时，病毒的扩散与变异又造成了新问题的层出不穷，从个体到组织（包括政府、企业与社会组织等）大都疏于防备，甚至应对混乱。疫情在中国、日韩、美国、欧洲、印度等各地区此起彼伏，疫情扩散呈现反复性、长期性和常态化；我们见证了所谓的疫情"拐点"数次到来、消退以及再现，全球抗疫未见穷期；德尔塔病毒来势汹汹，病毒变异改变了其传染的速率与条件，也影响了疫苗的有效性；美国的独断专行和推卸责任，欧洲国家之间医疗物资截断等乱象，使得解决问题（抗疫）的"主体"又成为问题本身的一部分。

除重大卫生事件外，数字技术革命的全球性浪潮也对人类的生产生活方式带来剧烈冲击。其中的典型无疑是 2022 年横空出世的 ChatGPT，即一种

对话生成预训练转换器（Chat Generative Pre-trained Transformer）。作为人工智能和自然语言处理技术快速发展的产物，ChatGPT 带来全新的人机交互方式，将颠覆众多行业领域的工种、工作场所以及工作方式。在这种人机交互过程中，机器变得更加的智能化、自适应和自主化，这使得在很多情境下互动产生的结果可能是难以预测甚至是出乎意料的。由于 ChatGPT 具有生成性质，它的回答不是简单地提取已知答案，而是通过理解和推断来生成全新的回答，并且可以在其中实现自我学习和自我演化。此外，人们对交互结果的理解与应用也将变得更加复杂。随着 ChatGPT 的推广，人们提"问题"的方式将越来越个性化、多元化，提"问题"本身也将会是一个极具生成性和迭代性的过程。这样的变革越来越考验人们提出"问题"的本领，以及对"答案"进行反思和再提问的本领，并打破传统的思维模式、社会规则与联结关系。因此可以看到，**ChatGPT 作为全新的信息技术变革，在带来更多效率提升和创新空间的同时，也加剧了管控信息变量和预测未知的难度。**

尽管对人类认知和社会产生了巨大冲击，但从本质上来看，这些冲击并非是人类社会的全新挑战，只是极典型和极端地呈现了当今和未来重大挑战的两方面特征——剧变时代与顽劣问题。一方面，我们所处的环境已经进入高度复杂、波动和不确定的剧变时代，或被称为 VUCA（译称乌卡）时代；另一方面，我们所面临的问题更多体现为无法清晰界定、非结构化、不具备明确解决方案的顽劣问题。

面对剧变时代下的顽劣问题，曾被人们认为有效的方法论也因其前提假设的被颠覆而开始"失灵"。正如人类迄今为止的科学技术、社会制度和思想文化建构，在新冠疫情面前都瞬间暴露出脆弱性。无论是政府、企业、社会组织，抑或个体；无论是叱咤风云的行业领袖，还是初出茅庐的创业者，若仅仅基于已有的认知、方法论和工具，孤立地采取线性或连续的规划思路，在今天的诸多挑战面前都越发显得无所适从。在这样的背景下，关于"应对之道"的转型与跃迁可能跟每个组织和个体都紧密相关。

大变局与"VUCA"特征。新冠疫情的横空出世，将 VUCA 进一步推向了人们关注和探讨的热潮。VUCA 是四个英文单词首字母的组合，即不稳定（Volatility）、不确定（Uncertainty）、复杂（Complexity）和模糊（Ambiguity）。这个概念最早由美军在 20 世纪 90 年代提出，用于描述冷战结束后越发不确定、复杂和多边的世界格局，敦促军事领袖们为政治上难以预测或计划的、有重大影响的小概率事件做好准备。随着全球经济的发展，企业的生存和竞争环境越发复杂，VUCA 逐渐从军事领域进入商业领域。宝洁公司前首席运营官罗伯特·麦克唐纳便率先借用这个军事术语描述了新的商业世界格局："这是一个 VUCA 的世界。"在 VUCA 的商业语境下，企业及其管理者需要具备更强的预见和洞察力，以及在快速变化环境中的学习和行动力。

从系统论的角度看，VUCA 的环境特征在现实中其实一直存在，只不过在过去没有这么显著呈现，或者我们并未感觉到有多么强烈，而新冠疫情的冲击则是极深刻地触发了我们对 VUCA 的觉察。

值得注意的是，即便不考虑疫情的影响，在全球化、多元化以及信息技术快速变革这三股力量的推动下，VUCA 本身就在加速地呈现在我们面前。全球化和多元化使我们所处世界中的互动与互赖关系变得越发复杂，而近年来全球政治经济秩序更是在加速变革，尤其是大国关系发生转折性变化，未来国际贸易与竞合关系等面临更大不确定性。全球移动互联网普及率的不断提高，新一轮信息技术革命加速推进，我们今天所看到的 ChatGPT，以及 5G、大数据、云计算、物联网、量子通信等新技术、新应用的多点突破，正在深刻重塑人类的生产关系、社会结构和生活方式，也极大程度影响了企业等社会经济组织的运行逻辑。数字化和智能化将我们生产生活中传统的线性模式、连续模式，越来越多地转变为非线性模式、不连续模式。在快速变化、发展和迭代的时代背景下，"黑天鹅"事件频发，预先制订的战略或计划也频繁面临失控。

尽管 VUCA 越来越受到人们的关注与认同，但对于如何应对 VUCA，我们远未得到共识性的答案。此外，VUCA 并非是一个严谨的概念框架（下文将有具体解释），其更多是形容行动者所处的外部环境的特征，而缺乏对行动者面对的问题的探讨。

1.2 复杂性理论：从简单、机械复杂到超级复杂

现代管理科学非常推崇对于秩序（Order）的描述和机制研究，这是因为秩序能将事态发展控制在特定结构以及可预测的范围之内。而在复杂性理

论的演化脉络下，经典的机械决定论受到大量批判。传统观念下我们所探讨的复杂事物或现象可能仅仅是普通复杂而非超级复杂，如超级电脑，芯片、飞机、航母等；而相比之下，一个看似不起眼的蛋黄酱，实际上经历着大量超级复杂的运动。

20 世纪末，威尔士学者戴夫·斯诺登提出，人们的决策场景已经从简单（Simple）、繁杂或机械复杂（Complicated），越来越多地变为复杂（Complex）和混沌（Chaotic）。在此基础上，斯诺登创建了著名的 Cynefin[①] 框架模型。

当时斯诺登供职于 IBM 的知识管理研究院，因此 Cynefin 最初的应用场景是知识管理与组织战略。后来在斯诺登与其 IBM 同事的合作下，Cynefin 也逐渐扩展到更一般化的战略模型，被应用到项目管理、组织架构设计、供应链管理以及国际化战略等（Kurtz and Snowden，2003；Snowden，2002）。同时，Cynefin 也为复杂适应系统等重要理论提供了借鉴。

这个框架描述了决策者可能嵌入的不同情境，并给出相应情境下的应对策略（见图 1-1）。所处情境被划分为五种类型：简单（Simple）、繁杂或机械复杂（Complicated）、超级复杂（Complex）、混乱（Chaotic）和一个处于中央的失序（Disorder）区域。

简单（simple）**情境**中，因果关系是确定和清晰的，决策者可以采取"感知—分类—应对"（Sense‐Categorise‐Respond）的策略，处理问题总是存在最佳实践（Best Practice）。

繁杂或机械复杂（Complicated）**情境**中，因果关系同样是确定的，但并非每个人都能掌握规律，需要通过专业的调查、评估与分析来得到有效方案（Good practice），有效方案可能不止一个。因此，决策者可以采取"感知—分析—应对"（Sense‐Analyze‐Respond）的策略。

超级复杂（Complex）**情境**中，因果关系仅能够通过时间回溯，很难提前分析得出有效方案，但可以基于涌现（Emergent）机制，在试验中摸索规律。因此，决策者可以采用"探索—感知—应对"（Probe‐Sense‐Respond）的策略，通过快速试验和迭代来获得启发。

————————————————

① Cynefin 是威尔士语中的词汇，字面上的意思是栖息地。

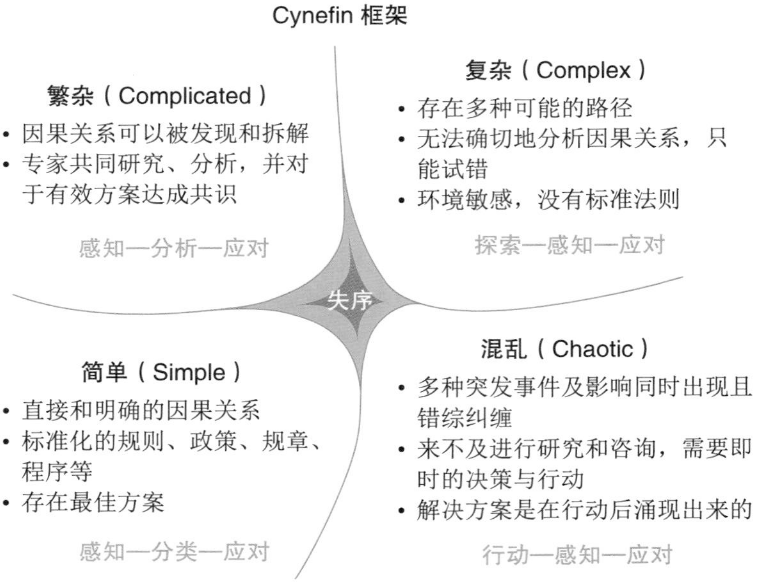

Cynefin 框架

繁杂（Complicated）
- 因果关系可以被发现和拆解
- 专家共同研究、分析，并对于有效方案达成共识

感知—分析—应对

复杂（Complex）
- 存在多种可能的路径
- 无法确切地分析因果关系，只能试错
- 环境敏感，没有标准法则

探索—感知—应对

失序

简单（Simple）
- 直接和明确的因果关系
- 标准化的规则、政策、规章、程序等
- 存在最佳方案

感知—分类—应对

混乱（Chaotic）
- 多种突发事件及影响同时出现且错综纠缠
- 来不及进行研究和咨询，需要即时的决策与行动
- 解决方案是在行动后涌现出来的

行动—感知—应对

图 1-1　Cynefin 框架

资料来源：整理自 KURTZ C F, SNOWDEN D. J. The new dynamics of strategy: Sense-making in a complex and complicated world [J]. IBM Systems Journal, 2003, 42(3): 462-483.

在**混乱**（chaotic）**情境**中，在系统层级上没有确定的因果关系，对于任何人来讲，掌握信息和规律是没有头绪的，唯一能做的就是采取行动。决策者只能采取"行动—感知—应对"（Act-Sense-Respond）的策略，基于行动来重构秩序，以期将混沌情境降解为复杂或简单情境。

在**失序**（disorder）**情境**中，人们甚至都不知道处于哪一个情境，或者对所处情境的认知难以达成一致，各种意见、观点和思路形成冲突甚至对立。这种情况下只能先进行问题拆分并尽量形成共识。

Cynefin 框架也强调在现实中，组织或个体往往嵌入多种类别的情境，需要注重区格或拆分；同时也可能经历情境的动态转换，需要根据每个情境的特点采取适时、适当的策略方法。在现实中，我们所面临的处境和问题越来越多地在简单、一般复杂和超级复杂，甚至混沌之间切换。如当企业把产业链系统扩大甚至向社会开放时，当平台企业的用户规模呈指数级扩张且用户多元化不断提升时，管理决策场景很可能就从简单、复杂演变成超级复杂。疫情暴发后，社会主体的生产生活方式发生改变，各级各类供应链的不确定性大大增加，一些管理决策也可能被置于混沌的场景中。

◆ 1.2.1　还原论与系统论

沿袭科学发展的脉络，人们对复杂性的认知与理解，可以由还原论、系统论演化至复杂性理论的历程中得到体现。还原论认为世界是有序的、可还原的、可预测的，对环境的刻画主要依托于诸多要素的局部还原，并将整体作为局部加和的结果。例如，在传统的管理活动中，分析和解决管理问题的经典路径是把问题分解成若干部分，把各个子部分分析清楚了，那么系统整体也就清楚了。如果对于某个子部分的掌握尚不清楚，可以再继续将拆分成更小的单元进行研究。最终，基于最小可分析单元的逐层聚合和汇总，就可以把系统整体摸索清楚。作为管理者，可以基于对价值链的分解，对生产经营活动的分析和评估，来执行已知经验规律下的最佳实践。早期以法约尔、泰勒、韦伯等为代表的管理学派，都将组织的外部环境视为常态的、稳定的、可预测的，因此而强调集权化、科层化的信息传递与决策过程，以保障组织生产经营的效率，进而实现组织目标。

系统论则质疑以还原主义为基础的简单假设，认为整体大于部分之和。仅仅采用自上而下的还原论方法，在许多情况下容易出现"按住葫芦起了瓢"的现象题，解决不了整体性的问题。钱学森将系统定义为"由相互作用和相互依赖的若干组成部分结合成的具有特定功能的有机整体"（盛昭瀚和于景元，2021）。还原主义强调先分解再聚合的思想，但分解这一动作（尽管后面再进行聚合）会使我们丧失了更深入观察和分析整体中的互动关系，以及所呈现的复杂现象的机会。麻省理工学院（MIT）管理学教授、《第五项修炼》作者彼得·圣吉将之称为"动态复杂性"。即便拼凑所有的碎片也无法窥探全貌，在各个局部上的努力可能会在动态作用和演化过程中形成抵消，从而诱使我们在不自知的情况下舍本逐末、避重就轻。在系统思维的主张下，学者认为需要从整体的视角来研究系统中各要素之间的相互关系，进而实现对事物动态演化过程的全面把握。

然而，早期系统论的观点并没有跳出还原主义的基本逻辑，仍然认为大部分规律是可分析、可决定的，进而帮助决策者对系统进行预测和控制。从本质上来看，还原论和早期的系统论都体现的是简单性思维，其假定系统的微观构成要素是有序的，其本质和规律一旦被掌握，就可以普遍指导人们对客观世界的认识。在这种理念下，主体将所处的环境系统视作稳定的和常态的，子系统数量较少且大多处于均衡状态，主体可根据已知的经验规律对环境系统进行感知、分析和响应（Hooker，2011）。

◆ 1.2.2　复杂性理论

现实世界越来越普遍地呈现出从线性到非线性、从因果清晰到混沌的复杂现象，因此基于已知经验规律来进行预测和控制很可能是徒劳的。诺贝尔经济学奖获得者赫伯特·西蒙提出需要基于复杂性理论来看待我们所处的世界，他认为诸多现实活动的运行环境是由庞大数量的要素所构成、各要素之间是错综关联并持续演变的系统。尤其是在全球化、多元化与数字化叠加下的今天，世界中互动与互赖关系变得越来越复杂（Millar 等，2018），复杂性理论受到广泛关注，并在多个学科中都呈现出了重要的启示意义。要素规模以及要素间的相互作用关系是衡量系统复杂性的基础。复杂性理论认为，系统不能被还原为单个要素的集合，要素与整体间呈现出非线性、不连续的关系，而不是简单的加和关系 (Cilliers, 2010)。当今时代下，组织或个体进行决策与开展实践活动的环境往往就是这样一个复杂系统，涉及跨领域、跨层次、跨地区，甚至跨时空的多元要素，要素间错综勾连且随着时间不断演变（Porter 等 , 2020）。在这样的系统中开展管理活动，干预与产出的关系可能是非线性和不连续的，使准确预测事态的变化变得极为困难甚至不可能。系统动力学方法的创始人杰伊·弗雷斯特指出，具备非线性和不连续关系的系统往往呈现出反直觉的演化态势。他引用了一系列的政府干预措施，表明虽然有些措施在短期内能让一些症状得到改善，但最终却恶化了更深层次的问题。比如，增加城市警务可以让犯罪率在短期内下降，而最终却导致了长期监禁率的恶化。

2021 年我国宣告脱贫攻坚取得全面胜利。事实上，扶贫就是一个全球公认的、极典型的复杂系统性工程。贫困涉及教育、卫生、交通、生态环境、信息化等方方面面，各贫困地区的致贫原因复杂多元，扶贫条件存在客观差异，贫困问题亦可随时间推移而迭代衍生。面对这样的复杂情景，全球各地的政府和社会有时会出现力所不及，甚至"好心办坏事"的情况。部分地区的扶贫路径也很容易出现偏误、扶贫手段针对性差等现象，导致扶贫资金收益低、政策扶贫成效不显著等。而经过长时间的投入与摸索，我国创造了减贫的"人间奇迹"，成为在攻克扶贫这一系统性难题上最有成效的国家，其背后的制度安排和演进过程蕴含着丰富的治理智慧。

有学者总结出了复杂系统的十个特征（见图1-2）。

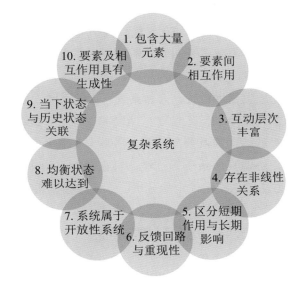

图 1-2　复杂系统的特点

注：该图根据参考文献（Cilliers, 2010）整理得出

（1）包含数量庞大的要素。

（2）要素间相互作用。

（3）相互作用关系是多样的、动态的。

（4）存在非线性的相互作用关系（意味着微小的局部变化可能对系统整体产生巨大的影响；反之，局部的重大改变可能被系统整体所消纳，带来的影响微乎其微）。

（5）要素间相互作用存在短期影响和长期影响的差别。

（6）系统中存在反馈回路（包含正反馈链、负反馈链以及混合反馈链）。

（7）系统属于开放系统（意味着系统内部与外部之间存在作用关系，也很难清晰界定系统边界）。

（8）系统运行难以达到均衡状态或难以维持均衡状态。

（9）系统状态是动态联立的（即对系统的分析不能孤立于某一个时间点）。

（10）要素及要素之间的相互作用具有生成性。

面对复杂的环境，学者们日益意识到需要发展适应复杂管理系统的新理论、新方法和新范式。20 世纪 80 年代，钱学森在系统论的基础上进一步提出了系统论方法，对复杂系统的管理活动产生了重要的启示意义。钱学森根据系统的复杂性程度，将系统分为简单系统、简单巨系统、复杂系统和复杂巨系统等。类似于生物体系统、人体系统、人脑系统、社会系统、地理系统、星系系统等都属于复杂巨系统（盛昭瀚和于景元，2021）。面对复杂程度较高的系统，管理活动涉及要素选择、关联与结构设计、总体功能分析、适配活动与环境、协调其他系统等过程，且在分析过程中需要运用跨领域、多学科的手段与方法，包括定性定量分析、系统建模、仿真、实验等。

◆ 1.2.3　认知破局：区分环境与问题

传统方法论的局限性。复杂性思想和复杂性理论为我们认知世界和分析所面对的诸多挑战提供了重要的启示意义，但这一脉络下的研究大多并未澄清环境与问题之间的关系，常常是对二者不加区分、混为一谈。很多情况下，我们之所以在挑战面前没有头绪而无所适从，到底是因为我们所处的环境复杂，还是我们所要解决的问题复杂？

尽管学者们对于环境系统和问题的复杂性已各有研究，但往往对二者缺乏有效区分和综合考量，其表现为要么对二者混为一谈，要么分别单独研究而忽略其相互关系。已有的研究对环境系统与问题关系的表述或隐含假定，主要可以概括为以下三种。

其一，将环境系统视作问题。例如 Joshua 和 Head（2017）、Head（2018）在论述国际政治问题和公共政策治理问题时，默认政策制定问题的顽劣性是由政治环境的复杂性导致的；DeFries 和 Nagendra（2017）以复杂性作为生态系统的本质特征，认为正是这种动态、不可预测的复杂系统，导致了进行生态系统管理时顽劣问题的产生；Jentoft 和 Chuenpagdee（2009）在研究渔业和海岸治理问题时，也将顽劣问题纳入复杂系统的分析框架中，以用作审视主体的问题管理能力。

其二，将问题视作环境系统。如 Smith（2016）将恐怖袭击视为终极顽劣问题，并以此作为政策制定的环境，论证了如果忽视问题的顽劣性本质则会导致政策制定的失效；Newman 和 Head（2017）以枪支管控政策问题作为国际环境，得出了顽劣问题在不同环境及观察者视角下可能表现为可驯服问题的结论；Dentoni 等（2016）、Dorado 和 Ventresca（2013）分别在论述跨部门合作、企业家精神时，均认为秉承利益相关者优先理念的组织机构将面临更多的顽劣问题，并将其视作所要应对的环境。

其三，将环境系统和问题相互替代。如 Kennedy 等（2017）直接将顽劣问题表述为一种系统类型，用系统理论的思想将顽劣问题予以解构，以形成应对策略；Andersson 和 Törnberg（2018）将复杂性在本体论层面上予以解构，认为复杂还是顽劣只是对所处系统类型的一种表述，并将这种情况出现的原因归结于缺乏共识性的理解。

问题的构建特征。在建构主义的视角下，"问题"本身并不具有完全的客观性，而会因主体的目标、禀赋等差异而有所不同。问题被定义为"对当下不满意状态的描述"，相比于客观运行的环境系统，主体需要解决的问题往往是在环境系统中被构建出来的。例如全球变暖，是人们主流话语体系下的一个重大问题，但地球"冷了"或者"热了"，对它来说并未见得构成问题，只是在人类现有的认知和角度下，全球变暖对以人类为中心的系统的可持续发展构成阻碍。但如果跳开人类的惯有视角，对于其他一些生物种族或特定结构的生态系统来讲，地球变热一点对它们的发展可能更为有利。在商业领域，企业家对于管理问题的界定也越来越多地体现这种构建性。随着商业环境、产业链结构、企业间竞合关系的日趋复杂，企业家在某些商业事件上的决策可能更大程度上依赖于其主观解读、经验偏好，甚至直觉，而非依赖于完全理性的分析和预判。一家公司的不同高管对于同一商业事件很可能有截然相反的态度，有人将其视作企业转型的机遇，而有人将其视为制约企业发展的挑战和危机。

随着系统论的深入发展，学者也逐渐认识到问题有别于系统本身。正如著名思想家韦斯特·西丘奇曼所说："当你通过他人的眼睛看世界时，你就是在使用系统观了。"面对同样的环境系统，人们可以对情境、问题以及可以做什么和应该做什么等作出多种解释。人们的态度、动机、角色感或目的感、观念、期望和惯习等各不相同，问题的存在往往只是在特定价值观和期望下才成立。即便在紧密相连的社群中，人们对所处的情境和"不满意状态"的程度也可能有所差异。

很多时候，解决问题之前需要设定问题的边界，这些边界往往不由客观系统来划定，而是由问题的讨论背景，或者讨论者的利益和需求决定。从这些角度来看，很多问题并非客观存在，或者说难以在客观的层面上被准确界定，问题也没有所谓的"最优"解决方案，或者说解决方案之间是没有对错之分的。

问题与环境之间是紧密关联关系，环境的各种变化会对问题产生深刻影响，问题的形成与演化往往是问题自身与环境、行动者之间交互作用和相互耦合的结果，如果忽略问题与环境之间的区格与联系，就难以建立对问题的完整认知。混淆环境和问题可能对应对方案的选择与效果带来负面影响。如果仅考虑问题本身，忽略环境的差异性和动态变化，则应对方法可能会与特定情境无法适配，进而面临失效的风险；而如果仅考虑环境的复杂性，忽略了问题本身也在持续生成和演变，则问题解决手段的设计可能被简单化、静态化，缺乏解决问题的有效性和充分性。

随着全球化、数字化、多元化的到来，组织或个人等各类主体所处的环境系统越来越呈现为要素庞杂且错综关联的复杂系统。这种复杂系统可被视作主体活动所处的外部环境，即复杂环境系统。与此同时，主体需要应对的问题在这样的复杂环境系统中被构建出来，并且随着事态发展不断地生成与迭代，呈现出越来越普遍的顽劣特征。当今时代，我们已无法回避地需要在复杂环境系统中应对各类顽劣问题。面对今天的各类挑战，对环境系统和问题本身加以区格并综合分析，有助于我们把握正确的应对方向，增强应对的有效性和充分性。

本章后续内容将在对环境系统和问题加以区分的基础上，分别阐释环境系统和问题的复杂性，解构复杂环境系统和顽劣问题的内涵与特征，并构建一个"环境系统—问题"矩阵的分析框架。基于这个框架，我们可以将过去、现在和未来面临的挑战划分为简单环境系统—可驯服问题、复杂环境系统—可驯服问题、简单环境系统—顽劣问题和复杂环境系统—顽劣问题等四种类别。由此，帮助我们理解为何共创是应对当前很多挑战的最重要范式。

1.3 剧变时代：当 VUCA 成为"常态"

本书从系统的视角来看待我们所处的环境，将环境称为环境系统，并基于系统的视角来阐释其复杂性的内涵与特征。本章前述部分提到的 VUCA 主要被用来形容环境系统而非问题。VUCA 概念源于军事这一实践领域，它为当下的剧变时代提供了非常鲜明、丰富的刻画，但该概念在学理意义上并非严谨。

易变性（Volatility）、不确定性（Uncertainty）、复杂性（Complexity）和模糊性（Ambiguity）这四个特征并不属于一个并列的概念框架之中。不同特征实际上相互关联，且对环境系统的刻画层面也有所不同。比如在奥利弗·麦克等的"Managing in a VUCA World"一书中，他们对 VUCA 框架进行了重新解读（见图 1-3）。

图 1-3　VUCA 概念框架

资料来源：整理自 OLIVER K, KHARE A, KRÄMER A, et al. Managing in a VUCA world [M]. Berlin: Springer, 2016.

沿袭复杂系统理论，他们认为 VUCA 当中的"C"，即复杂性，应该是 VUCA 的最底层特征，而其他的"V"—易变性、"U"—不确定性、"A"—模糊性均是由复杂性所引致的结果表征。复杂性是 VUCA 框架当中的核心概念，表示所指系统包含多个子系统以及规模庞大的系统要素，并且子系统与子系统之间、要素与要素之间错综关联和动态演化。在复杂性的基础上，我们所观测到系统（包括子系统和系统要素）状态才会出呈现不稳定和不确定，即"C"引致了"V"和"U"。模糊性一词在不同学科领域中的含义不同（下文我们对模糊性也进行了重新界定），而在 VUCA 概念体系中，指的是因果关系的模糊，没有先例可循，无法通过精确的流程和规则来设计问题的解决路径。根据这种对模糊性的界定，因果纠缠源于系统的不确定和不稳定，因此在决策过程中，"A"又可以被解读为"V"和"U"所引致的结果。

鉴于此，**本书将环境系统与问题区别开来，复杂性视角下分别探讨环境系统与问题的特征，而不是直接套用 VUCA 框架。尽管本书在对环境系统的特征表述上与 VUCA 存在很大程度的关联。**

就环境系统而言，复杂是一个综合性的表述。复杂环境系统是与简单环境系统相对的概念，两者的区别与系统要素的数量和相互作用关系息息相关。构成复杂环境系统至少需要满足两个基本的前提条件，一是系统要素的规模足够庞大，二是各要素之间的作用关系及其演化方式错综复杂。相较于复杂性这一综合表述，易变性和不确定性正是在这些基础前提下，环境系统所呈现出来的具体特征。对于简单环境系统，系统要素的数量有限且大多处于均衡状态。在简单环境系统中，构成系统的要素为有序的，其本质和规律一旦被掌握，就可以普遍指导人们的认识和行动。组织或个体可根据已知的经验规律对环境系统进行感知、分析和响应。

事实上，今天的世界普遍呈现出从线性到非线性、从因果清晰到混沌的趋势，基于已知经验规律来进行预测和控制很可能是徒劳的。对于这样的环境系统，简单性理念下对于系统演化和发展的前提假设被颠覆。下文就简单环境系统与复杂环境系统的特征进行总结与对比。简单环境系统与复杂环境系统的基本特征总结参见表 1-1。

表 1-1　简单环境系统与复杂环境系统的基本特征与释义

	基本特征	释义
简单环境系统	常态性	要素及子系统是稳定的、秩序化的，其发展和变化规律是有迹可循的。
	可决定性	要素与要素之间的作用关系大多是线性的、连续的，因果链是容易解析的，干预方式可以被事前分析和决定。
复杂环境系统	易变性	要素及子系统是频繁波动的、非秩序化的，其发展和变化是不完全符合可知规律的。
	不确定性	要素与要素之间存在较多非线性、不连续的作用关系，因果链错综纠缠，既定干预下未来的呈现效果是难以预判的。

◆ 1.3.1　常态性 VS 易变性

简单环境系统具有常态性。具备常态性的系统是有序的、稳定的，系统要素的变动都是符合已知规律的，要素之间的动态演变遵循某些秩序化的路径。环境系统与其各个子系统通常处于均衡或向均衡收敛的状态。在这样的系统中，决策者可以基于过往认知、经验及行为惯例来理解和应对当下及未来所处的情境（Hooker，2011）。

与常态性相对，当今世界越发显现出一种普遍的易变性，体现为环境系统中各子系统及要素的频繁波动。易变性（Volatility）一词常用于统计学和金融学领域，来描述波动和波动幅度的不确定程度，在统计分析中被量化为标准差或者方差，商业领域中的典型例子是全球原材料市场、股票市场或者突发的自然灾害影响供应链导致价格波动。子系统与子系统之间、要素与要素之间的关系加速变化，且这些变化是非秩序的、难以进行事先预判的。整个环境系统的演化受到各种影响链与反馈回路交织的影响，突变、临界点逼近、阶段跃迁等状态不断生成。系统和子系统的演变常常是非收敛的，很难达到均衡状态，也可能根本就不存在一个均衡状态。在这样的环境系统中，变化是无常的，未来是不断涌现和生成的，并且这些呈现过程是无法提前预知的，试图通过计算具体细节来设定单一未来情景大多是徒劳的。因此，我们的策略应该由抵制变化转向应对变化。

◆ 1.3.2　可决定性 VS 不确定性

"唯一确定的就是不确定性"

相对于简单环境系统，复杂环境系统所呈出的另一个重要特征是不确定性。确定性是行为能够被预测的前提，也是我们安全感的来源。长久以来，人类社会的发展进程都充斥着各种对确定性的追求，很多发展和进步也都是在这种对确定性的追求下实现的。从哥白尼的"日心说"到牛顿三大定律，近现代科学成就不断强化人们基于确定性逻辑规律的认知。诸多传统理论与实践指引都假设外部环境的发展是可决定的。在简单环境系统的认知视角下，子系统和系统要素的演化被认为是有序的、线性的、连续的、可预测的。因此，在掌握经验规律的基础上，只要给定输入变量，就可以根据规律来预测结果。在这样的环境系统中，我们实现目标的过程可以被划分为不同的阶段，而不同阶段是一个线性递增的过程。

与可决定性相对的是不确定性，体现在系统要素之间的相互作用是非线性、不连续的，某种投入或干预措施的产出效果是难以预判的。即便我们知晓了要素之间的关系，不能确定某一个要素的变化会对系统带来什么影响。复杂性理论视角下，环境系统的发展与演化并不取决于单一的线性因果关系，而是复杂错综的非线性因果关系，复杂现象大于因果链孤立属性的简单总和（Bennett 和 Lemoine，2014）。Nandakumar 等（2012）对环境系统中的要素状态不确定（State Uncertainty）、因果关系不确定（Effect Uncertainty）、反馈链不确定（Response Uncertainty）三个方面进行了区分和梳理，进一步呈现了环境系统发展与演化的复杂性。即便各个要素及要素之间的作用关系都被决策者掌握，由于不确定性的存在，系统在未来的演化过程和呈现结果也难以被提前预知。基于以往的认知和规律总结被我们认定为有效的政策或干预手段，在这样的不确定性环境中很可能是无效的，甚至产生意料之外的结果（Hengst 等，2019）。如果说易变性体现了环境系统中要素或结构变化的速度和方向难以确定与描述，那么不确定性则更多体现在对变化趋势的预测、识别和控制是非常困难甚至不可能的。

尤其在今天的剧变时代下，不确定性被认为是世界最"确定"的规律，拥抱不确定几乎成为所有组织或个体的必然选择。由于不确定性的存在，很多时候我们为无法准确评估当下的状况，从而难以识别出哪些是机会、哪些是困难、应该更关注哪个因素。在经济、管理、金融等学科领域，对不确定性的研究也推动了信息经济学、行为经济学、制度经济学等新理论的蓬勃发展，不确定性也成为现代金融理论、企业理论的基本假设。

1.4 顽劣问题：集"反身性"与"生成性"于一身的问题

今天我们面对的各类组织问题或家庭及个体层面的问题，越来越多地呈现为没有确切答案的顽劣问题，仅仅依赖线性和连续的思维范式开始显现出其局限性。就像是人们手握着锤子这一仅有的工具，就不得不把面对的所有挑战看成是钉子一样。在问题的思考层面解决问题，往往不能真正解决问题，还会带来新的问题，这就与问题的顽劣性相关。爱因斯坦曾说过："我们面对的重大问题无法在我们创造出这些问题的同一个思维层面上解决。"

虽然环境系统对问题的影响不容忽视，但并不可等价视之。这是由于问题是主体在所处环境系统中构建而来的产物，反映其某种不满意的状态。社会科学研究越来越倡导以问题为导向，但目前为止，仍欠缺对问题本身的解构。已往研究多将主体所应对的问题默认为可驯服问题，这类问题可以被清晰地表述和规划，应对主体也通常能在问题的解决方案上达成一致。顽劣问题（Wicked Problem）是与可驯服问题相对的概念。Rittel 和 Webber（1973）在研究公共政策问题时发现，很多现实问题其实都难以被准确表述和界定，也往往缺乏完备或最优的解决方案，他们将此类问题概括为顽劣问题。此后，顽劣问题（有的文献中也译为"棘手问题"或"抗解问题"）得到了学者和实务者的广泛认同，**我们目前面临的诸多问题都被认为是顽劣问题而非可驯服问题，如气候变化问题、贫困问题、人权与平等问题、老龄化问题等。在商业场景中，很多企业面临的问题，如战略转型问题、所有制改革问题、平台治理问题、动态能力问题、组织柔性问题等，大多都属于顽劣问题。**这些顽劣问题对于经济社会发展的影响广泛而深远。

顽劣问题一般都很难完全用明晰的结构化方法或模型来描述。例如，设计思维的范式关注问题的结构化程度，并将问题区分为强结构（well-defined）和弱结构（ill-structured）两种情形。对于强结构问题，其能够利用结构化的方法或模型来准确描述、具有明确目标并且可以规划设计解决方案；对于弱结构问题，其不具备清晰目标和解决途径，并在极端情形下体现为顽劣问题。一直以来，学者构建了大量的以"问题识别—问题分解—问题归因"为核心方法的问题解决模型，其实都属于规划思维导向，而对于弱结构的顽劣问题而言，这类方法很可能面临失效。

需要指出的是，强结构与弱结构仅仅是区分可驯服问题与顽劣问题的一个方面，并不是两类问题特征差异的完整呈现。尽管顽劣问题十分多样且涉及广泛，但还是有共同特性的，基于对相关理论研究的梳理，本书总结了可驯服问题与顽劣问题之间的三个主要特征差异（见表 1-2）。

表 1-2　可驯服问题与顽劣问题的基本特征与释义

	基 本 特 征	释　义
可驯服 问题	清晰性	问题的定义和边界通常比较清晰，易于表述。
	稳定性	问题对于外部环境是非敏感的，不会因环境改变而发生根本性改变，主体对问题的构建也是相对稳定的。
	完备性	问题涉及的因果关系是可以被完整解析的，存在一套最终的最优解决方案。
顽劣问题	模糊性	问题本身是难以被准确表述和界定的；问题涉及多元的主体，其对问题的认知及解读也往往存在差异。
	生成性	随着外部环境的变化，或主体在认知和偏好上的变化，问题往往会发生改变或者产生新的问题；此外，问题的解决本身也可能会产生新的问题。
	反身性	主体的秉性本身被问题所影响，进而影响问题的构建。也就是说，主体既是解决方案的一部分，同时也可能成为问题的来源或者是问题的一部分。

◆ 1.4.1　清晰性 VS 模糊性

"有时候，你甚至不知道问题是什么"

可驯服问题具有清晰性，问题的定义和边界是清晰的，通常可以被确切表述。相比之下，顽劣问题则具有模糊性。但这里的模糊性不同于 VUCA 框架中所指的模糊性，不是指环境系统中的因果关系不明，顽劣问题的模糊性这一特征是源于其主观构建的属性。不同组织或个体，由于其认知结构、偏好及目标侧重的不同，在同样的环境系统中所构建出的问题很可能存在差异（Dietz 等，2003）。参与者对同样的事件、同样的现象可以有完全不同的解释和理解，而这种解释和理解通常是不存在对错的。对于同一个问题，不同组织或个体所"看见"的可能仅仅是问题的一个切面，他们对问题的注意力也往往聚焦在特定的线索上。在这样的模糊情景下，不同参与方对问题的解读难以达成一致，对应对路径的判断与选择也很可能缺乏共识。问题本身和行动方案都需要在不断追问、理解和溯源的过程中才会逐渐形成共识。在这一过程中，参与者的思辨式判断非常重要，尽管一些意见领袖对问题的解读听上去不无道理，也极具感染力，但其背后的主观价值属性需要警惕和思辨。今天我们也看到，针对某个复杂问题，政府不同部门的人可能会坐在一起，不同领域的企业可能会坐在一起，甚至政府、企业和社会组织等跨界的人也可能会坐在一起，但有时候不见得能达成协同成效。这可能并不是因为他们都不足够有智慧来找到答案，而最根本的阻碍或源于他们就问题本身的界定与理解无法形成共识。

◆ 1.4.2　稳定性 VS 生成性

"问题是可以持续发生变化的"

可驯服问题具有稳定性，问题对于外部环境是非敏感的，环境的变化不会对问题带来根本性的改变，主体对问题的认知与解读也是相对稳定的。相比之下，顽劣问题则具有生成性。当下困扰我们的新冠病毒就具有典型的生成性特征。病毒自身的变异，人群流动的不确定性，以及病毒传播条件和方式的改变，使人们不断遭受新的侵扰。

生成性主要源于三个方面。其一，问题是主体基于外部环境系统所构建出来的，外部环境的发展和改变会使得主体对问题进行重新判断与厘定。顽劣问题是对所处环境高度敏感的，即时环境的变化会对问题产生的影响仅仅作用于问题的某个局部，但由于问题自身关联的复杂性，局部的作用也对问题整体产生深刻影响。具有极强的环境适应性，必须在特定环境中去应对并考虑环境的动态变化；其二，主体在主观认知和价值偏好上的变化，也都会导致问题发生改变或者产生新的问题。在这样的生成性特征下，阶段性的规划通常难以从根本上解决顽劣问题（Candel 等，2016）。即便我们掌握了对当下环境系统的完全信息以及相应的处理手段，也很难形成一个能够一步到位的、完备的解决方案；其三，在解决问题的过程中，解决方案的运行很可能会反过来暴露出问题新的方面，或者产生出新的问题。一些学者认为，很多新问题都是在旧问题的应对路径中产生的，即问题的生成起源于问题的解决（Sterman，2002）。

生成性所呈现的模式往往是非线性和非连续的，顽劣问题可能不断变化、迭代，甚至跳跃，问题也可以从一个层级直接跃迁到另一个层级。一个经典的比喻就是：当你手握一块石头，将它抛出去时，你可以精确地预测它的轨迹，只要你知道一组基本数据。因为它符合牛顿定律，它是线性的、连续的。如果你手中握的是一只活的会飞的鸟，将它抛出去时，尽管它仍然符合牛顿定律，但你却不能用你的定律去计算它的轨迹。

◆ 1.4.3　完备性 VS 反身性

"给答案的人本身也是问题的一部分"

可驯服问题具有完备性，涉及的因果关系是明确的，可以被完整地分析和研究，最终生成一套最优的解决方案。相比之下，顽劣问题则具有反身性，即"给答案的人本身也是问题的一部分"。当人们改变看待问题的视角，把"自我"放在系统内，很多时候会发现自己本身也是问题的一部分。在应对顽劣问题的过程中，参与者本身的秉性可能会反过来被问题所影响。也就是说，参与者既是解决问题的一部分，同时也是构成问题的一部分，甚至在某些情况下成为问题的根源（Rittel 和 Webber，1973；Termeer 等，2015）。由于参与者与问题之间是相互干涉的，导致"答案"对问题本身产生了反作用力，让解决问题变得更加复杂。应对问题从本质上可以看作是处理主体、行动与问题之间的动态交互关系，解决方案需要与问题共同迭代。

比如针对一些复杂的社会治理问题，其巨大挑战在于其会带来反身作用，你觉得你改变了它，实际上它也在改变你。我们认知上的巨大缺陷就是常常以第三者的方式去看待问题，使我们没有办法知道自己在这个过程当中既是改变者也是被改变者。

由于反身性的存在，有学者提出一些问题是无法被研究的，因为研究的对象会受到研究者的影响。当有研究者介入时，哪怕仅仅是在一旁观察或记录，就足以让研究对象的心理状态，乃至行为决策产生改变。这种影响的形成不一定要研究者进行实质性的介入和干预。当研究对象感受到"研究"这件事情的存在，或察觉到他们正在被作为被观察或被研究的对象时，就能会带来显著的改变。这种现象也可参见著名的"霍桑实验"。

著名的"说谎者悖论"就蕴含了古代哲学家对反身性的思考。这一悖论可描述为如果某人说自己正在说谎，那么他说的话是真还是假？将之情境化，比如一个罗马人说，所有罗马人都撒谎。那这个罗马人的话是真命题还是假命题？如果肯定他，那么就认可至少有一个罗马人说真话，从而又否定了他。问题提出者的属性（罗马人）及其提问这一行为影响了问题本身，也决定了这个问题的不可回答性。金融大鳄索罗斯在其《金融炼金术》一书中也提及反身性。在金融领域，参与者（如股民）的认知和被认知对象（如股市）互相影响，股市的基本面影响投资情绪和观点，投资情绪和观点反过来也是构成基本面的一部分，因此很难解析所谓的"均衡"。在心理治疗中，治疗师自身的心理状态和对病人心理的预判，会影响到病人的心理状态和认知，进而对治疗师的治疗"套路"产生反身性作用。

当然，学者们对顽劣问题特征也有不同的描述。如顽劣问题这一概念的提出者，Rittel 和 Webber（1973）曾在对社会政策规划的探讨中界定了顽劣问题十个特性，包括无法明确界定、没有停止规则、不遵循二值原理、不能即时解决、解决方案一次性、无法设定计划、独一无二、涉及另外问题的症状、存在高度差异（多重解释方法）、规划者无权出错（即规划者必须对其行为产生的后果负责）。Conklin（2005）重新对顽劣问题的特征进行了归纳，包括在制订解决方案之前无法了解、没有停止规则、解决方案无对错、独一无二、解决方案一次性、无替代解决方案。不过，笔者认为，这些特征归类的方法侧重于描述顽劣问题的表象，在反映其一般化本质层面欠缺逻辑结构的严谨性。

顽劣问题的提出打破了学科的边界，在社会科学和自然科学领域都具有广泛的应用。Clarke 和 Stewart（1997）认为，政府的公共治理问题其实属于顽劣问题，而应对之道在于不同群体知识的碰撞与整合。Levin 等 (2012) 将全球气候问题归结于超顽劣问题，典型的特征包括时间紧迫、问题制造者的反身性、中央权力的薄弱以及政策制定的非理性。而生态系统作为典型的自组织环境系统，由于人类对于自然资源的开采利用，导致无法预见跨越不同空间、时间和行政尺度等人为干预的所有后果，进而致使生态系统管理成为一个典型的顽劣问题（DeFries 和 Nagendra，2017）。在计算机领域，Yeh（1991）指出，软件行业中的许多失败都来源于对系统开发中天然存在的顽劣问题的忽视。

1.5 一个基于"环境系统—问题"矩阵的分析框架

在区分环境与问题的基础上，我们能够更好地对环境的复杂性和问题的顽劣性形成认知并加以判断，进而建立行之有效的应对思路与策略。尤其是当复杂环境和顽劣问题交织叠加时，这种区分能帮助我们更好地理解为什么在很多情境下传统的计划或规划思路是徒劳无效的，而只能通过迭代和共创的范式来应对。

剧变时代的到来使得包括个体、组织等在内的主体不仅切身感知所处环境系统的复杂性，在应对问题时也常无所适从。传统应对范式之所以在面对问题时变得越来越无效，不仅在于其对环境复杂性和问题顽劣性的认知局限，也在于对环境与问题二者的混淆。Ashby 和 Goldstein（2011）认为，面对环境系统复杂性的增加，组织或个体只有通过增加其模型或系统的复杂性才能与之相匹配。然而，机械地增加主体的复杂性、采取固化的应对范式依旧会导致应对的不有效、不充分。究其原因，一方面是由于特定应对范式的适用范围普遍有限，而主体对此未有意识；另一方面是由于主体如果长期采取某一特定的应对范式，其针对外部环境变化和不同问题而主动调整应对范式的能力往往较差。

为避免这种应对错位的情形，组织或个体如果能够在采取行动之前对所处环境系统与所要应对问题进行准确识别与定位，并在过程中及时调整应对路径，很大程度上能够避免上述应对失效情形的发生。换言之，要真正理解需要面对的挑战，一方面需要对自身所处环境系统的复杂性有更加清晰的认知，另一方面需要意识到所构建问题可能存在的顽劣性。

根据本章前述内容，对于主体所处的环境系统，存在简单与复杂两种状态，分别具备常态性、可决定性与易变性、不确定性；而对于主体所需要应对的问题而言，则存在可驯服和顽劣两种情形，分别具备清晰性、稳定性、完备性与模糊性、生成性、反身性。需要指出的是，虽然环境系统的简单或复杂、问题的可驯服或顽劣在本节的框架模型中被简化为二元情形，但在现实中很可能处于不同程度的居间状态，并且随着时间推移可能发生环境复杂性/问题顽劣性的降解、升级等动态变化。

主体所面对的环境是外部相对客观运行的系统，而问题则是外部环境系统映射到主体主观意识而产生的一种主观构建。主体需要将复杂环境系统与简单环境系统、可驯服问题与顽劣问题进行交叉展开，以避免前面曾提及的主体对环境系统与问题的混淆，实现在应对过程中的针对性和有效性。为此，本书构建"环境系统—问题"矩阵（见图1-4），进一步帮助厘清矩阵中不同象限的特征及应对路径。

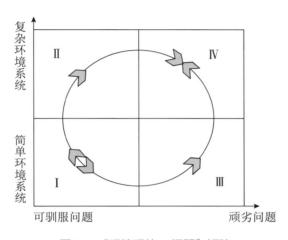

图 1-4 "环境系统—问题"矩阵

◆ 1.5.1 "环境系统—问题"矩阵的象限特征

环境系统—问题矩阵包括四个象限：

第一象限，"简单环境系统—可驯服问题"象限。对于这一象限，环境系统是常态的，其发展和演化是可决定的，而主体所构建的问题也是清晰的、稳定的，可以建立一套最优的解决方案，且该方案在常态环境中是可以经过反复检验的。这也可以被理解为我们通常所说的牛顿世界中的牛顿问题，例如汽车的生产与质量控制。

第二象限，"复杂环境系统—可驯服问题"象限。对于这一象限，主体所构建的问题同样是清晰的、稳定的，存在最终的最优解决方案。但环境系统不再是常态的、可决定的，而是快速、复杂变化的，环境系统的发展演变难以被准确预判。尽管可驯服问题本身不会因为环境的变化而发生根本性变化，但需要考虑到解决问题的情境是多变的。例如全球化供应链的设计与管理。

第三象限，"简单环境系统—顽劣问题"象限。诸多研究曾认为顽劣问题的出现是复杂环境系统所导致的，因此这一象限常常被主体所忽视。在这一象限中，环境系统是常态的，但所构建的问题并非是清晰的、稳定的。问题跨越环境系统中的多层次、多领域，应对主体看待问题的视角存在差异，且对问题的解读也可能不断变化。此外，即便我们掌握了对简单环境系统的完全信息，由于顽劣问题存在着生成性和反身性，也很难形成一步到位的最优解决方案，例如 IT 领域前沿产品的研发。

第四象限，"复杂环境系统—顽劣问题"象限。在这一象限中，环境系统的易变性、不确定性与问题的模糊性、生成性、反身性等交织叠加，主体面对此类挑战时常会应对不足。此类挑战处于跨领域、跨层次的环境系统当中，且问题涉及多元相关方，单一主体的努力往往是徒劳的。环境系统的发展，以及多元主体对问题的认知与解读，都是复杂多变的。问题难以找到最终的最优解决方案，即便是当下的可行方案，也往往不是持续有效的。全球社会面临的诸多挑战都越来越呈现出这一象限的特征，例如疫情管控、贫困治理、碳减排等。我国在扶贫攻坚方面取得了举世瞩目的成就，治贫的过程就是应对复杂环境系统下顽劣问题的一个典型体现。扶贫所处的环境系统极其复杂，不同地区的扶贫条件千差万别，除了经济系统外，还要考虑生态、文化、教育、卫生等多个方面，不同系统要素之间错综关联且动态变化（汪三贵和曾小溪，2018）；此外，贫困问题亦可随时间推移而迭代衍生，某一地区治贫情况的演化和呈现结果往往是难以提前预料的（张腾等，2018）。事实上，对于微观组织或个体，这类情境也越发常见。如本书第八章所提到，今天企业的战略转型、商业模式开发、组织文化革新等往往是在复杂环境下的顽劣性管理问题，而传统的战略规划思维越来越难以帮助应对企业今天面对的这些管理问题。

此外，从图 1-4 中还可以看到，"复杂环境系统—顽劣问题"的出现可以由两条路径演化而来：第一条是"简单环境系统—可驯服问题"到"简单环境系统—顽劣问题"再到"复杂环境系统—顽劣问题"；第二条是"简单环境系统—可驯服问题"到"复杂环境系统—可驯服问题"再到"复杂环境系统—顽劣问题"。而对于"复杂环境系统—顽劣问题"的应对路径，则又会存在两条路径下的两个相反方向，具体将在下文予以说明。

◆ 1.5.2 "环境系统—问题"矩阵下的应对思路

当组织或个体需要应对不同象限下的挑战时，采取差异化的应对路径才能取得与之适配的应对效果。尤其是对于当下我们所处的剧变时代和面对的诸多顽劣问题，不同情境下的解决方案以及我们寻找解决方案的过程可能是截然不同的。根据环境系统及问题的特征，我们勾勒出各个象限不同的应对路径，作为提出和采取相应的应对范式的依据（见图1-5）。

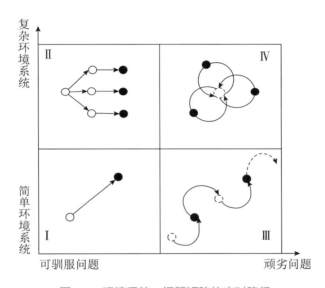

图 1-5　环境系统—问题矩阵的应对路径

注：图中○代表可驯服问题，◎代表顽劣问题，●代表问题的解决方案

对于第一象限和第二象限而言，无论在简单环境系统还是复杂环境系统中，问题都具有可驯服属性，能够找到最终的最优解决方案，但区别在于：第一象限内，在简单环境系统下应对可驯服问题往往存在确切的点对点式应对路径，各要素及彼此间的因果关系是清晰的、容易辨识的，可以通过计算与分析得出一套完备的解决方案，或利用已被验证过的最佳实践来处理问题；而在第二象限内，环境系统具有易变性和不确定性，主体在解决问题时需要建立应对这种动态变化的能力，在不同的情境下对环境作出敏捷感知与响应，设计与之对应的问题解决方案。

对于第三象限和第四象限而言则不再是可驯服问题，顽劣问题无论在简单环境系统还是复杂环境系统中都难以被清晰地界定和分析，也不存在一步到位的解决方案。二者的区别在于：第三象限内，外部环境具备较高程度的常态性、确定性，主体可以在这样的环境系统中采取阶段性、试验性的应对举措，通过反馈与修正来推动问题识别、判定和显性化的过程，进而不断逼近满意的解决方案；而第四象限内，在复杂环境系统下应对顽劣问题，涉及的系统要素庞杂分布、错综关联，问题也随着环境系统的改变而出现变化或衍生，任何单一主体的认知与思考都难以覆盖问题全貌，靠其单方面的投入来解决问题无法根本有效。面对这样的挑战，需要多元主体的智慧与努力，共同试验和迭代，并在此过程中持续地进行思想与行动的交汇，才有可能向满意的解决方案趋近。

此外，通过将复杂环境系统降解为简单环境系统（从第四象限迁移到第三象限），或者将顽劣问题降解为可驯服化问题（从第四象限迁移到第二象限），也可以来应对剧变时代中的顽劣问题，这在今天的许多组织和政府的策略中都能够找到案例。如阿里巴巴的电商平台帮助中小微企业实现"天下没有难做的生意"（环境系统简单化路径），我国政府通过严密的健康宝手段和交通管制措施进行疫情防控（问题可驯服化路径）等。但此类做法除了存在可持续性隐患外，并非对所有剧变时代下的顽劣问题都适用。其前提是复杂环境系统是否可简化，或顽劣问题是否可转化为可驯服问题。如在充分有效的疫苗出现之前，新冠疫情问题会一直保持其顽劣性。

1.6 元能力的重要性：向内求索

今天我们所处的环境和所面对的问题已经与我们曾经的理解渐行渐远，我们曾经认为有效的基本能力、专业能力甚至特定的领导力，在新的前提假设下可能变得越发无效。对于在剧变时代中推动创新与变革的领导者们，实现认知、方法论和工具上的跃迁与转型将变得至关重要，而实现这种跃迁与转型的核心在于管理者、领导者内在的强大元能力。

元能力（Meta capacity）指一种高阶能力，不同于我们以往习惯于掌握的大多数基本能力或专业能力，而是要求领导者向内求索，去思考如何思考、学习如何学习、觉察自己的觉察、关注自己的关注。仅仅依赖过去学习和经验获得的特定能力，往往难以应对今天面对的各类复杂挑战，甚至还可能会成为你的阻力。只有掌握元能力，我们才能在变幻莫测的环境中有所锚定并保持定力，有效应对问题而不被问题所左右，塑造未来而非被未来所规定。

处于纷繁芜杂的环境之中，我们更加需要静心、定力和觉察。觉察意味着随时警醒自己的内在状态，理解自己的能力、局限与潜力。在变化的外部环境中调转镜头，把自己放入场域之内，通过适应和创新成为变革的一部分，因为干预措施的成败可能就取决于干预者的内在状态而非外部条件约束。我们在沟通和学习的过程中，最常见的就是代入自己过去的经验，即采用一种"下载模式"。元能力要求我们超越"下载模式"，在聆听与深度对话之中可能把已有的判断先"悬挂起来"，并主动觉察自我和他人。从关注事实到拥有同理心，再到打开思维，最终与他人共同生成新的想法，这将成为实现创变的关键。事实上，在硅谷众多创新公司兴起的正念觉察（Mindfulness），正是针对创新过程中不断追求自我警醒的一种练习。元能力也意味着我们需要回到元思考，即思考自己是怎样思考的，这样才能见人所未见、想人所未想。在当下中国社会，我们正在逐渐告别传统的制造业为王时代，创新成为经济社会发展的新动能。技术创新需要基础科学的发展，组织创新则需要组织内部有较强的学习能力，同时快速激发团队的创新能力、创新意识。通过元能力，组织可以释放内部学习潜力，前瞻社会与行业发展趋势，洞见组织问题的本质，不断更新理念与方法，进而实现基业长青。

可以看出，元能力代表了一种高阶能力，也可以理解为"能力的能力"。它超越了特定的专业能力，涉及对学习、创造、适应和应对变化的能力的全局性理解。在今天的剧变时代下，对元能力的培养具有更为重要的意义。剧变时代充满了快速变化和不确定性，新技术和知识不断涌现。首先，拥有元能力的组织或个体能够快速学习和适应新的环境和情境。当组织或个体面临高度不确定的环境和压力时，元能力可以使组织或个体有效地管理压力和变化，具备自我调节能力并快速适应变化，同时保持积极的心态和高度应变性，使之能够快速吸收新信息，整合不同领域的知识，灵活应用所学内容以应对不断变化的挑战。其次，元能力有助于建立多元思维和全局观念。剧变时代存在多样性和复杂性，而元能力使组织或个体能够看到事物的多个角度，理解不同利益相关者的需求和观点，并作出更全面、综合的决策和行动。此外，元能力有助于组织或个体的反思和创新。元能力能够突破传统思维和方法，时刻警觉自身的弱点和盲点，并提供独特的观点和创意，推动团队协作并促进重大创新实践。

第二章

范式演变：
从"牛顿世界"转向"量子世界"的求索

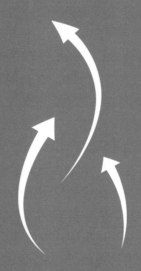

应对剧变时代下的顽劣问题，需要对现有工业时代经典的分析范式、权变范式与迭代范式进行拓延，进而走向共创范式。共创是一种整合了分析、权变与迭代的集体努力。

2.1 关于范式：如何认识问题并寻找答案

在管理学领域，面对环境系统、管理主体与管理客体等改变，管理实践不断对过往的管理范式提出挑战，管理范式也随之发生快速地更迭与演进。托马斯·库恩在《科学结构的革命》一书中指出，范式是被普遍认可并且能够为实践者构建问题及其解决方案的模型。库恩也指出，范式不是一个强加执行的机械方法，可以被创造性地灵活选择。

由于管理范式的多元化情况较为突出，本部分主要以此为例展开以下说明，以初步探索环境系统—问题矩阵与应对范式的内在逻辑。数十年来的管理学研究者曾经对于管理范式给出不同的分类标准。早期，美国著名管理学家哈罗德·孔兹将其分为六种管理范式，即流程管理范式、决策理论范式、经验管理范式、人类行为范式、环境系统范式和统计管理范式。弗雷德·卢森斯认为常用的管理范式主要有四种，包括流程管理范式、定量管理范式、行为管理范式和系统管理范式，并在此基础上提出了权变范式。面对 21 世纪以来社会出现的种种变革，被誉为现代管理学之父的彼得·德鲁克提出，传统管理学理论中默认的假设、规律和惯例已经不再适用，只有突破传统管理理论的框架才有可能有效面对管理学领域面临的诸多挑战。

在上一章节中，我们基于环境系统的复杂程度与问题的顽劣程度，构建了"环境系统—问题"的分析矩阵。矩阵的不同象限包含过去、今天和未来我们面临的各类挑战，针对不同象限中的挑战，主体（组织或个体）需要采取差异化的应对路径。本书构建的"环境系统—问题"矩阵为破解这一难题提供了有力工具。以此为依据，我们总结并提炼出主体面对不同环境系统和不同问题时对应采纳的应对范式（见图 2-1）。今天我们所处环境日趋纷繁复杂、变幻莫测，所面对问题也渐显其模糊性、生成性与反身性。**这需要我们实现应对范式的转换升维：由分析范式转换至权变范式以适应环境的复杂化；或由分析范式转换至迭代范式来应对问题的顽劣化；共创范式整合并超越了分析、权变与迭代范式，是应对复杂环境中顽劣问题的最根本范式。**如果主体可以在行动之前根据"环境系统—问题"矩阵明晰应对范式，并在行动过程中进行动态调整，可以帮助其提升应对的有效性和充分性。

图 2-1 环境系统—问题矩阵下的应对范式

2.2 经典分析范式："捞起游泳池里的一颗石头"

对于简单环境系统下的可驯服问题，存在点对点式的解决方案。环境要素及其中的因果关系是常态的、可分析的，问题本身也是清晰和稳定的，这样的情境可以具象隐喻为"捞起游泳池里的一颗石头"。可以有效应对这种挑战的是在现实中被广泛采纳的主流分析范式，即对问题进行解构，提炼相关要素并分析因果，进而得出解决方案的过程。分析范式着眼于客观事实，其分析过程一般有三：第一，对客观事实进行精准的描述；第二，通过演绎、推理等方式将问题分解为诸多要素，包括内部要素与外部要素等；第三，根据假设、检验等手段得到问题的解决方式，即另一个客观事实（Arbnor 和Bjerke，2008）。科学管理中的流程管理、定量管理等都是主要基于分析范式的理念思想。

分析范式可以追溯至第二次工业革命后期的科学管理思想，管理学的现代管理思想中普遍将泰勒的科学管理视为肇始。那时，包括人在内的管理对象都被视作管理客体，而管理目标在于劳动生产率的最大化，即财富最大化（陈春花，2011）。在相对稳定的环境中，决策者有着清晰的目标，例如使得生产效率达到最优。决策者可以通过收集所有生产环节中的耗材、材料价格、员工耗时、不同工种的薪酬等信息，从采购、员工排班、车间流程等方面设计一个最佳方案，使给定成本下的产量最高或达到给定产量的情况下成本最低。分析范式可以透过对组织中各个要素的控制来实现组织目标。

然而，管理范式的适用是有赖于市场、科技、法律等外部要素的（Koontz，1980），以科学管理理论为代表的分析范式也主要适用于其诞生的工业革命时期。也就是说，有效的分析范式主要存在于市场信息完备且对称的前提下，一般可以识别问题的成因，进而通过对成因的管控而获得问题的解决方案。

在学术领域中，大量实证研究都是建立在这种分析范式的基础上，最典型的代表就是相关性模型和线性回归模型。相关性模型分析变量与变量间，或前因与结果间的简单对称的线性关系，而非多因并发或者因果纠缠的复杂因果关系。分析范式致力于解释不同要素的变化或干预行为对结果产生的影响，其理念可以用计量中的多元线性回归模型来表达。

$$y = \beta_0 + \beta_1 x_1 + \beta_2 x_2 + \cdots + \beta_p x_p + \varepsilon$$

其中，y 表示被解释变量，β_0 表示截距项，$\beta_1 \beta_2 \cdots \beta_p$ 表示解释变量系数，$x_1 x_2 \cdots x_p$ 表示解释变量，ε 表示随机干扰项且服从独立同分布。

学者指出，社会科学实证研究中最常见的错误之一就是把集合关系表述为相关关系，并作为解释复杂现象因果逻辑基础，而这种范式极大程度地忽略了线性、独立等假设与现实中复杂环境、顽劣问题的不适配。

2.3 复杂环境与权变范式："捞起湍急河流中的一颗石头"

对于复杂环境系统下的可驯服问题，解决方案需要根据环境系统的多样性和变化进行动态响应。复杂环境系统是纷杂和易变的，系统要素的关联和演化是不确定的，不过问题本身是具有可驯服属性的，这样的情境被具象地隐喻为"捞起湍急河流中的一颗石头"。

面对处于复杂性凸显的环境系统，有的学者尝试从外部环境复杂性管理的角度对具体的活动场景予以分解，并且设计出详细的管理流程（Toubiana等，2017；Zhou，2013），有的学者将这种复杂环境内化至企业的组织管理活动中，通过组织策略将复杂性赋能为有效性（Marion 和 Uhl-Bien，2001），或者构建组织自身的系统思考能力（Tsoukas，2017）。然而，这些研究往往忽略了环境系统的不可预测性（Peterson 和 Meckler，2001），常常无法做到事前防范。针对复杂环境系统，权变范式在辨析环境变量和管理变量之间权变机理的基础上，根据差异化和不断变化的情境灵活设计问题的解决方案。

在管理学研究早期的科学管理理论奠定了管理学学科基础之后，管理学演化出了诸多学派，如流程管理学派、经验学派、人类行为学派、社会制度学派、决策理论学派、数学学派等，Koontz（1961）将其总结为管理理论丛林。实际上，学派的争执是除了对于定义、语义等的分歧，更是由于复杂环境系统中视角选择的差异，这也与工业化的持续深入而导致企业、产业数量激增有关。在这样的背景下，Kast 和 Rosenzweig（1972）从一般系统理论的视角揭示了权变理论的核心思想，Luthans 和 Stewart（1977）又汇总出一般权变理论（General Contingency Theory）。在权变范式下，组织、决策、领导等问题往往不存在唯一的解决方案，而需要在情境识别的基础上采取相应的应对行为。

也就是说，针对复杂环境系统中的可驯服问题，需要关注问题所处的环境条件与问题变量之间的关系。实际上，这种情况主要针对短期行为而言，市场信息完备且对称，决策者可以通过决断行动来快速平息问题，以避免问题膨胀后的信息扩散。但是需要注意的是，面对复杂环境系统需要充分考虑极端情况的发生。

尽管权变范式在分析范式的基础上对环境系统的复杂性有一定考量，但仍然在机械思维和还原主体的范畴之内。对于学术领域的实证研究，从分析范式到权变范式的进阶体现在对模型中边界条件的考量，更具体地，体现在对线性模型中调节变量的考量或者影响系数动态变化的考量。分析视角假定存在普适的社会科学规律，适用于所有研究对象，而权变视角则认为规律是有边界的，因此变量间的关系会受到其他因素的权变影响。基于线性回归模型，系数会随着情境的变化而不同，函数形式可以用有约束条件的多元线性回归模型表达：

$$\begin{cases} y = \beta X + \varepsilon \\ H\beta = c \end{cases}, \dim(H) = q \times (m+1), r(H) = q \leqslant m+1$$

其中，y 表示被解释变量，β 表示截距项矩阵，X 表示解释变量矩阵，

ε 表示随机干扰项且服从独立同分布，$H = X(X^T X)^{-1} X^T$ 为帽子矩阵，c 为常数向量，$\dim$ 表示方程的维数，q 表示约束的个数，m 表示所有对因变量有影响的因素个数，r 表示矩阵的秩。

2.4 顽劣问题与迭代范式："捞起游泳池里的一条鱼"

权变范式主要是针对决策主体与外部环境系统的关系而言的，但并未考量到问题本身的顽劣性。尤在信息化主导下的第三次工业革命中，很多产品并不存在一个完美的最终形态，而是处于持续不断更迭之中。对于简单环境系统下的顽劣问题，需要通过试验、反馈与修正等过程来逐渐逼近满意的解决方案。外部环境是常态的、确定性较强的，但问题本身是具有模糊性、生成性和反身性的，这样的情境可具象地隐喻为"捞起游泳池里的一条鱼"。

面对这种挑战，分析范式下很难得出一步到位的解决方案，可以提升其有效性和充分性的是迭代范式。迭代范式强调快速试验，根据上一阶段的经验反馈对问题进一步地识别、判定和显性化，逐步收敛到有效的解决方案。

与权变范式类似，迭代范式依旧是以分析范式为基础的，管理者通过一种持续分析行为来采取行动（Locke 等，2020）。换言之，迭代范式是通过对问题解构后所含要素的持续分析和替代来不断完善问题、解决方案的过程。在这一过程中，迭代范式往往伴随着创新管理和持续学习（Dietz 等，2003；Garud 等，2011）。

针对简单环境系统中的顽劣问题，需要考虑到问题在时间维度上的动态变化，但一般不容易受到环境因素的影响。对于数理表达，可以用间断点回归模型来表达。

$$y_t = X_t \beta + Z'_{1t} \delta_1 + \varepsilon_t, \quad t = 1, 2, \cdots, T_1 - 1$$

$$y_t = X_t \beta + Z'_{2t} \delta_2 + \varepsilon_t, \quad t = T_1, \cdots, T_2 - 1$$

$$\vdots$$

$$y_t = X_t \beta + Z'_{mt} \delta_m + \varepsilon_t, \quad t = T_m, \cdots, T$$

以矩阵的形式，可以简化为：

$$y = X'_t \beta + Z_t \delta + \varepsilon$$

式中，矩阵 Z_t 为对角矩阵：

$$Z_t = \begin{bmatrix} Z_{1t} & & & \\ & Z_{2t} & & \\ & & \ddots & \\ & & & Z_{mt} \end{bmatrix}$$

此时，回归变量分为两类，一类变量 X 的系统是固定的 β，另一类变量 Z_t 的系数 δ 是随着所处区制的不同而变化的。另外，数学理论中，迭代理论（Iteration theories）强调的是态射 $f \to f^\dagger$ 的映射。迭代理论的雏形来自于数学推导，而后又发展于计算机、工业设计领域，至今已经成为一种管理学（Wynn 和 Eckert，2017）、教育学（Shcherbakov，2017）中的方法。

随着云计算、大数据、人工智能等信息化技术的发展，以及虚拟仿真、虚拟现实技术与实体应用的结合，迭代范式的扩散和增效获得了极为有利的条件。在互联网平台支持下，企业由单纯的生产者转变为产销者（Prosumer），产品在生产者与消费者的持续互动过程中被创造和迭代升级。利用智能算法、虚拟仿真、数字孪生等，创新者与创造者进行试错迭代的方式也大幅改善。过去科学家整天在实验室里开展实验，现在实验通过虚拟仿真放到计算机里面去做；过去飞机从立项到交付需要十多年实践，现在这个时间被大幅缩短；高铁也可以通过设计虚拟的高铁和虚拟的铁路轨迹，来测试高铁运行中的电流、电压、噪音、稳定性、可靠性等。云架构的软件体系、商业模式、咨询服务、运维体系，使大量数据、模型、决策信息平台化汇聚、在线化调用，系统之间实现互联互通操作，实现了业务系统的功能重用、高效交付、按需交付。基于平台的信息集散，以及虚拟世界的数字模拟，各类产品、方案都可以被敏捷开发、快速迭代，进而在短时间内解决复杂问题或改善性能。

2.5 复杂环境、顽劣问题与共创范式："抓住湍急河流中的一条鱼"

面对剧变时代下的顽劣问题，不仅需要考虑所处环境中要素的复杂关联和动态演变，还要考虑问题本身具有生成性、反身性等顽劣特性，可以具象地被隐喻为"抓住一条湍急河流中的鱼"。

面对这样的挑战，依靠单一主体的努力无法实现，多主体的单点式努力也难以取得协同效果。而共创（Co-creation）是一种整合了分析、权变与迭代的集体努力，通过汇集多方力量，展开协同的实践与创新，共同推动解决方案的形成与持续迭代。本文认为，共创是"复杂环境系统—顽劣问题"最根本有效的应对范式，其突破了相对单一主体进行实践与创新的局限性，同时强调多元主体之间持续性的互动、协作与反馈。关于共创范式的详细阐释将在后面部分展开。

对分析范式、迭代范式、权变范式进行总结，并提出共创范式（汇总见表 2-1），可以帮助组织或个体在环境系统—问题矩阵的辨析基础上，对一种或多种应对范式进行选择。

表 2-1　应对范式的象限、释义与隐喻

应对范式	所处象限	释义	隐喻
分析范式	第一象限：简单环境系统—可驯服问题	对问题进行解构，提炼相关要素并分析因果，得出一套完备的解决方案。	捞起游泳池里的一颗石头
权变范式	第二象限：复杂环境系统—可驯服问题	在辨析环境变量与问题变量之间权变机理的基础上，根据差异化和不断变化的情境灵活设计问题的解决方案。	捞起湍急河流中的一颗石头
迭代范式	第三象限：简单环境系统—顽劣问题	快速试验，根据上一阶段的经验反馈对问题进一步地识别、判定和显性化，逐步收敛到有效的解决方案。	抓住游泳池中的一条鱼
共创范式	第四象限：复杂环境系统—顽劣问题	整合了分析、权变与迭代的集体努力，通过汇集多方力量，展开协同的实践与创新，共同推动解决方案的形成与持续迭代。	抓住湍急河流中的一条鱼

最后需要指出的是，结合环境系统—问题基本模型中"复杂环境系统—顽劣问题"的认知路径，可以作出以下推断：第一，分析范式是任何管理范式所需的基础；第二，权变范式与迭代范式分别适用于分析范式和共创范式中间的两种情形；第三，共创范式结合了迭代范式与权变范式，是一种多个主体参与下的协同。

第三章

共创时代的到来：
关乎所有个体与组织的创变

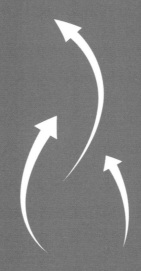

共创的应用并不局限于商业活动，任何组织和个体都可以借助共创的方法来应对挑战。基于一般性的视角，本书将共创界定为多元主体在具备催化、使能与学习功能的场域中，进行"原型—试验—反思—迭代"的创新与实践过程。共创活动具有多元性、交互性与创新性等特征。共创的目标价值不仅仅是经济价值，还可以包括解决社会、生态环境等问题过程中所创造的各类价值。

3.1 从"机械思维"到"量子思维"

从牛顿时代到量子时代，人类认识世界的工具、层次和方法论不断深入，人类理解和思考世界的维度和方式也发生了根本性变革，机械思维下强调静态、孤立和不变，而量子世界的运行法则是具有不确定性和相关性的。

◆ 3.1.1 机械思维缘起

机械思维的火花缘起于古希腊时期。从实践中总结梳理得到基础公理，再利用因果逻辑架构起理论，体现了古希腊哲学家们朴素的思考辨识和推理策略。中世纪末期，伽利略以系统的实验和观察推翻了以亚里士多德为代表的传统自然观，开创了以实验事实为根据并具有严密逻辑体系的近代科学，也为牛顿力学奠定了初步基础。1687 年，牛顿发表《自然哲学的数学原理》，自此建立起完整的机械力学体系。机械论作为自然观与方法论，把天体机械运动的物理规律，扩展到对世界普遍规律的概括，形成了现代"机械思维"的原型。

观察整个机械思维缘起、发展和成形的历程，除了起到奠基作用的牛顿，还有众多代表性人物从各个学科和不同领域填补着机械思维的宏伟蓝图。比如弗朗西斯·培根，其创立的培根哲学是科学归纳法和现代试验科学的开端；托马斯·霍布斯将培根唯物主义的思想架构化，建立起首个机械唯物主义思想系统；约翰·洛克在《人类理智论》一书中，对近代机械意识形态的完善进行了详细补充；德尼·狄德罗不仅肯定了世界的物质性，还看到了物质的多元性；保尔·昂利·霍尔巴赫阐明了物质第一性与意识第二性的物质意识关系。

机械思维将抽象的方法论原则与来自事实的经验证据相融合，推动了近代众多学科的发展。在物理学领域，牛顿用演绎的方法推导出万有引力定律、流体力学等；在光学领域，基于机械还原论的指导，牛顿的微粒说和惠更斯的波动说不断成熟。此外，机械思维助推了化学从冶金术中的脱离，桥接了冶金化学和医药化学，使人们从更深的元素层次研究键价问题的本质。机械思维还启发了生物学中分类学以及类比法的发展，生物学家们开始从系统的角度，思考人体的生命现象和生理结构，比如包含心脏、静脉和动脉在内的血液循环系统等。机械思维影响最直接和最广泛的成果则是工业革命。机械思维催生下的近代科学革命，以18世纪纺织机和蒸汽机的发明改良为起点，使人类迈进工业化时代。这场全方位的技术革命不仅解放了个体劳动者的双手，让大机器和规模化生产的成果融入人们的吃穿住行，还让大工业资本以及工业生产体制成为国民经济的主体。

◆ 3.1.2 量子思维涌现

量子理论由爱因斯坦、普朗克、海森堡、薛定谔、玻尔等为代表的一批杰出科学家共同提出和发展。19世纪末20世纪初，物理学走进新旧交替的阶段。普朗克提出的量子假说（电磁振荡只能以"量子"的形式发生）以及"能量子"概念掀开了量子理论的序幕。爱因斯坦在"能量子"假说的基础上，进一步提出了"光量子"假说。爱因斯坦指出，光的能量在辐射、传播以及与物质相互作用的过程是基于量子的形式，电磁场和辐射场均由一个个不连续且不可分的能量子组成。在光量子学说、光电效应学说等基础上，玻尔理论、德布罗意物质波以及波动力学等将量子力学的研究推向了高潮，涌现出"波粒二象性""测不准原理""几率波""电子自旋""非局部作用"，以及关于"能量场""全息场"等的丰硕研究成果，也使得量子物理学成为影响深刻并被广为接受的科学化理论体系。量子思维超越了牛顿式思维中的"确定性""秩序性"和"可控性"假设，其影响也波及经济社会的各个领域，广泛推动了现代科学技术以及产业变革。众多科技领域以量子技术为支撑向更加精密化、智能化的方向发展，传统或新兴产业的内容形式以及结构格局也在量子思维影响下迅速迭代、更新和演化。

在管理领域，量子思维也深刻影响到管理理论及实践，形成了"量子式管理"这一管理学前沿命题，也推动着管理实践领域的革新。20世纪90年代，牛津大学教授丹娜·左哈尔首先提出基于量子思维的管理理论并指出："科技发展导致产业结构的改变，而企业领导力也必须随之调整。"量子式管理认为当代管理环境具有高度不确定性、动态演化性以及复杂性，并非所有的东西都是有迹可循或有律可遵的，因此组织需要抛弃工业时代科层制的组织结构和机械思维模式。

量子式管理强调：企业是一个内含若干变量并动态演化的有机组织，其必须持续不断地变革与创新，在无序中构建有序；企业要尊重个体价值和微观力量，重视员工、客户以及供应商等多元主体参与，强调个体互动下涌现的智慧；摒弃完全的个体权威，打破科层的边界，通过向下赋能和扁平化实现组织内主体的自我驱动和使命势能；组织目标不再仅仅局限于单一的利益或效率，而是尊重多元的价值导向，形成共识、共担、共创、共享的生命共同体意识和共赢互补的组织关系；最终由内而外地构建出适合自身发展的商业生态，探索个性化的商业成长路径。

沿袭量子思维，"量子领导"也受到越来越多的关注。自 2016 年丹娜·左哈尔出版《量子领导者：商业思维和实践的革命》以来，量子领导逐步得到学术与实践领域的接纳与认可。在机械思维下，领导者既是群体员工的精神领袖，又是通晓战略战术的全能选手。而在剧变时代与顽劣问题交织叠加的当下，个体认知的局限性使前述"全能型"领导者只能成为神话。领导者不能只是高高在上的发号施令者，还要作为组织赋能者和实践参与者而存在。在激发员工潜力和调动其工作积极性的过程中，共同愿景、共享价值以及扁平化的决策支撑架构将起到重要作用。而这些都需要管理者具有超越自我、信任下属、放权赋能以及尊重多样性等量子领导的特质。

◆ 3.1.3　两种思维对比

机械思维的核心与本质是确定性和因果关系，这深刻影响了人们认识事物的程序、路线、形式和方法。确定性（或可预测性）是机械思维的前提保障。机械思维下，我们默认这个世界的所有事物都是有规律的，并且这些规律是确定的，是可以通过一定的努力被寻找得到和简单描述的。因果关系是机械思维的运行逻辑，是机械思维得以实现演化推导和进行现象解释的根本所在。"物有本末，事有终始。"由确定性前提所概述的各种公式定理都遵守因果关系，进而帮助我们描述、解释和预测万事万物。

量子思维摒弃机械思维的"确定性""秩序性"和"可控性"原则，强调事物的"不确定性""整体性""不可分离性"等基础特征。在量子思维的世界里，万事万物是一个存在深层次联通且不断动态发展演化的有机体。量子思维用整体的、辩证的、概率因果的以及非线性的方式来分析和解决问题。尤其是在极具不确定性、易变性的环境下，量子思维具有先天适用性。对机械思维和量子思维观点的归纳总结，可以从以下哲学维度和管理维度进行对比分析（见表 3-1）。

表 3-1 机械思维和量子思维对比

对比维度		机械思维	量子思维
哲学维度	事物的内秉特征	确定性下的严格决定论	不确定性下的概率因果论
	事物的关系特征	事物具有客观独立的属性，与周围的世界或环境无关	宇宙是一个统一整体，各部分之间交互关联
	人与事物的关系	事物具有独立于人的客观属性	主客体相互作用不可分离
	辩证观点	非此即彼	兼容并包、对立统一
	认知活动	事物是"本质先定"和"一切既成"	事物是"持续生成"和"持续将成"
管理维度	管理动力	高效率和利益攫取	企业使命和价值愿景
	组织结构	科层制的金字塔式结构	非科层制的扁平化结构
	管理逻辑	自上而下：管理层发起	自下而上：组织任何层级或部分
	领导风格	命令式管控	授权赋能的"量子领导"
	权力结构	权力集中，高权力距离文化	权力分散，低权力距离文化
	决策方案	单一且稳定	多元且创新

资料来源：整理自辛杰，谢永珍，屠云峰. 从原子管理到量子管理的范式变迁 [J]. 管理学报，2020，17(01): 12-19+104.

哲学维度。确定性前提下，机械思维遵循严格决定论，即只要知道事物的初始状态，借由因果法则，就能对其未来状态进行精准预测。但量子思维考虑到了人类对微观世界认识认知的局限性，以及相伴相生的不可避免的随机性，并将不确定性融入概率因果论中。机械思维强调事物的客观独立属性，倡导用拆解、孤立和分析式的方法应对及处理问题。量子思维在本质上却是"整体性"或"关系性"的，事物的产生具有"条件性"和"相对性"，是与其他事物交互作用所呈现出的显在结果，事物的存在需要依赖"关系"，也只有通过"关系"才能正确定义和合理描述；而在机械思维下，事物可以独立于任何测量方式而保持其客观属性，量子思维则指出，事物不可能在未被干扰的情况下被测量、观察和感知，人的参与改变甚至决定着事物的呈现状态或发展结果。在"关系"建立的过程中，人作为观察、测量和认知的主体，发挥着主导和枢纽作用。量子思维还突破了机械思维中"非此即彼"的矛盾观，将"矛盾悖论"由"对立排斥"转化为"互补协同"，在冲突中谋求和谐，在对立中构建统一。世界也不再是机械思维中一个已经完成的、有待认知的客观对象，而是在主客体的相互作用中，持续发展和永恒生成的流动过程。

管理学维度。机械思维依托于确定客观的事实和可预测有规律的调查数据，使得管理者可以通过科层制组织体系实现有效管控和决策。量子思维则尊崇灵活随机和整体系统的思路。在认识到客观世界的模糊性、不确定性、不可控性和不可预测性的前提下，量子思维主张领导和下级既通过层级化、正式化的结构渠道进行交互，也依靠非层级的非正式化网络关系积极协商，进而构建扁平化、多元化的平台型组织，激发每个个体的创新创造潜能。在这种弹性的组织结构下，量子式管理更有利于形成多元性、创造性的决策结果，实现组织整体大于部门之和的管理效能。

3.2 何为共创：解构与重构

共创是从机械思维到量子思维实现认知与方法论转变的重要体现。面对复杂环境与顽劣问题，共创既体现了量子思维下的认知过程，也涵盖了行动的方法论。不确定性和复杂的客观事实使得单一力量应对往往难以为继，量子思维关注多元个体的潜能、相互的关联以及系统性逻辑，在应对问题过程中提供了多元主体参与和共同创变的路径。

事实上，共创并非新生的概念。21世纪初前后，共创思维就已在商业领域萌芽。从最开始的用户参与商品设计，到后来不断演化的交互式服务系统、众包与众创、协同创新、创造共享价值等管理命题的提出，体现了共创逻辑在不同领域和管理场景下的分支发芽。当前，"共创"已成为众多学者、管理者以及实践者口中的时髦词。尽管如此，不同使用者在不同场景下所谈及的"共创"在内涵上具有明显区别，目前还缺乏对"共创"的一般性、领域共通性的内涵阐释和方法论解析。由此，本书首先对各领域中已有"共创"概念进行汇集，并就各概念进行解构和重构，在此基础上提出更加一般性的"共创"内涵与方法论。

◆ 3.2.1 共创逻辑的多方涌现

在对"价值共创"的内涵进行深度探讨之前，我们首先从学术概览的角度对国内外"价值共创"的发文数量趋势、发文学科分布进行规律性总结和概括性描述。

在学术领域，论文中主要使用的相关概念为"价值共创"或"共创价值"，近年来的相关论文也成不断攀升之势。我们以 CNKI（即中国知网，权威的中文文献检索平台）为国内文献的统计来源，将"主题 = '价值共创'或含'共创价值'"作为检索条件，以精确匹配作为筛别方式，检索到 2003—2022 年 1777 篇有效文献。国外文献则以 Web of Science（即科学引文数据库—权威的英文文献检索平台）为统计来源，并选取三大引文数据库（SCI、SSCI、CPCI-S）作为研究分析的数据库。检索主题设定为"Co-creation（共创价值）"或"Value co-creation（价值共创）"，共检索到 2003—2022 年有效文献 2719 篇，其中高引用文达六十余篇。

国内学术领域的共创相关文献发展情况如图 3-1 所示。可以看到，关于

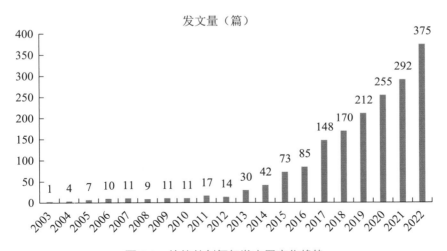

图 3-1　价值共创每年发文量变化趋势

共创的研究主要经历了两个阶段。自 21 世纪初"价值共创"概念的提出到 2013 年是共创研究的低速萌芽期（2003—2013 年），这期间价值共创还属于全新领域，累计发表中文文献 95 篇，每年发表的文献量均在 10 篇左右。而在快速发展期（2014—2022 年）共发表关于共创的文献 1652 篇，每年发表量以 34.1% 的平均增速发展。这表明共创在过去近十年得到了广泛关注，并在未来仍将处于热度快速增长的状态。

通过对文献主题词频的分析提炼，可以反映文献中对共创探讨的核心概念分布。从表 3-2 可以看到关于共创主题频率最高的关键词是价值共创、共创价值以及顾客参与。后期研究的热点则主要集中在商业模式、共享经济和生态系统等新兴领域。产品共同开发、用户参与式设计、个性化定制、联合生产、众包与众创、开放式商业模式、交互式服务系统、公众参与治理以及创造共享价值等作为关于共创的术语或概念被越来越多地提及和使用，涉及产品开发设计、工厂生产、社会创新、企业社会责任等多个领域。

表 3-2　价值共创发文关键词分布

关键词	价值共创	共创价值	顾客参与	服务主导逻辑	价值共创理念	商业模式	虚拟品牌社区	消费者	共享经济	服务生态系统	创新生态系统
次数	583	68	41	38	36	36	31	28	25	14	14

国际学术领域的共创相关研究发展情况如图 3-2 所示。Web of Science 数据库中最早明确提出"Co-creation"的文献出现在 2004 年。整体可将相关研究发展历程分为三个阶段：2004—2007 年为萌芽期，期间每年发表的文献数量均在 10 篇以下；2008—2013 年为快速增长期，期间文献发表量的年均增速超过 60%。尽管发表量在 2009 年（−25%）和 2012 年（−15%）有小幅回落，但在 2013 年达到 64 篇，首次突破 50 篇；2014—2022 年为稳定发展期，年均文献发表增速约为 30%，年均文献发表数量约为 280 篇，并且相关文献以较为稳定的速率在不同领域实现拓展式增长。

在累计 2719 篇文献中涉及了 94 个研究方向。通过图 3-3 可以看出，国外关于共创研究的主要领域是企业经济学（Business Economics）、计算机科学（Computer Science）、工程学（Engineering）、社会科学（Social Sciences

Other Topics）以及生态环境科学（Environmental Sciences Ecology）。上述学科在
"Co-creation"主题下的文献数量分别有 1337 篇、559 篇、390 篇、257 篇和 200
篇。总体而言，目前关于共创研究的学科跨度较大，研究领域也较为分散。

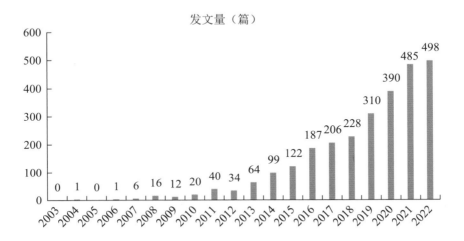

图 3-2　价值共创每年发文量变化趋势

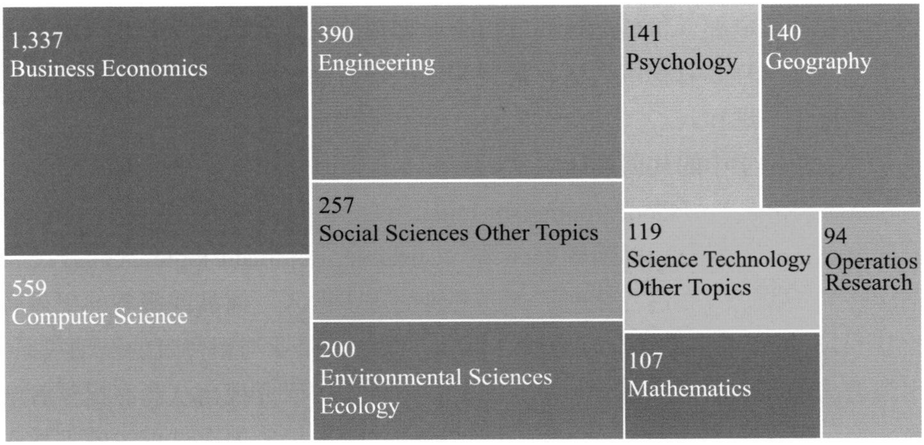

图 3-3　价值共创发文研究领域分布

（1）经济学中的共创逻辑

　　经济学体系内，经济学家们将消费者引入共创价值的逻辑，突破了过
往以生产者为中心的一元论点。虽然价值创造不可能离开生产者的作用，但

Lancaster（1975）对原本经济学分析范式中"生产者创造价值的理性选择模型"的扩展，即通过引入消费者及其选择所构筑的"生产者—消费者"创造价值的理性选择模型，意味着研究人员已经意识到了消费者在价值创造中的作用。进一步地，Stigler 和 Becker（1977）对"消费生产者"概念的提出及其对家庭生产函数的引入，表明家庭成员既可以作为消费者消耗价值，也能够承担生产者的作用，即创造价值。通过对产品的选择，消费者将自身的偏好反映作用在产品生产的过程中，通过对产品的使用和操作，产品的价值属性得以体现，生产闭环也得以完成。

（2）哲学中的价值共生

20 世纪 80—90 年代，哲学等社会学领域的研究者对当时流行的"现代主义"进行了反思，并提出"后现代主义"理念。现代主义消费观下，传统的价值创造观利用二分法割裂看待消费和生产的关系，把生产视作价值创造行为，而消费仅仅是对价值的损耗，没有价值创造意义。这也意味着消费者是经济系统中完全理性的参与者，既没有情感需求，也没有精神需要。但这显然是不符合实际的，后现代主义从这种简单的、一维的、悬浮的现代主义工作哲学中脱离，重新审视消费和消费者的关系及相互作用，关注人类的生活世界和情感需要。价值创造并非由企业客观的生产活动单独实现，消费者的消费活动同样具有价值内涵，消费和生产既对立又统一，又共同推动着社会化的再生产进程。

（3）营销学中的共创设计

从商品主导（Goods dominant logic，G-D）、到服务主导（Services dominant logic，S-D）再到顾客主导（Customer dominant logic，C-D），营销学研究范式的历史进程体现了共创逻辑的逐步融入，商品或服务的提供者（企业）与消费者在直接交互中联合行动，既强调企业与消费者的互动关系，也强调基于互动的资源整合和服务交换。学者们的研究视角从商品提供者渐渐转换到顾客（消费者）主体上，意识到消费者在价值创造过程中的主导作用。顾客的消费活动才是生产营销活动的核心，企业营销的目的是帮助消费者利用产品或服务达到自己的目标，营销活动的重点是顾客的消费行为、消费过程、消费体验和消费环境，企业所关注的内容也不再仅为自身生产所得的有形商品或无形服务，还包括更加广泛的企业与顾客的互动过程，顾客如何在完成购买行为以后，将购买所得（产品或服务）融入日常生活，与自身其他资源或技能整合并持续创造价值（万文海和王新新，2013；吴瑶等，2017）。

（4）生态系统的价值共创

在生态系统中，价值创造是系统层面主体交互协作创造价值的过程，价值获取是企业个体层面获取收益与构建竞争优势的过程，均为主体的重要生命活动。核心在于，生态系统主体的价值创造活动不是孤立的，即主体间能够实现价值共创，通过主体间在创新活动进行中的开放协作、交互沟通以及资源共享，能在宏观层面为整个生态系统提供更广泛的价值和吸引力。以创新生态系统为例，中小企业与初创企业往往能更加敏锐地捕捉细分市场的创新机遇，且一般具有更加蓬勃高涨的创业热情和创意动力，但受困于资源的狭隘，大企业则凭借自身庞大的资源优势在生态系统中占据重要地位，倘若大小企业可以通力合作，将大企业的资源能力与小企业的激情活力紧密结合，辅之以服务机构、投资机构、政府机构、科研机构等服务于中小企业与初创企业的组织，生态系统中创新发展的土壤一定会更加肥沃。

（5）供应链中的多价值环节

供应链是产品的生产及流通过程中，衔接上下游企业以及最终用户活动的网链结构。供应链价值共创的研究内容主要有三个方面：一是个人与企业间的价值共创，二是企业间的价值共创，三是消费者之间的价值共创。随着信息化时代的到来，市场环境不断变化，企业和消费者的供应链角色更加多元复杂且流动变化，价值制造者不再单单指企业，而是由消费者与企业不断沟通互动而形成的统一整体。在生产领域，各类企业间如制造商或供应商等也存在着价值共创机制，资产的共同专业化、生态系统内部的多边协作关系等都对全价值链的创新绩效起到正向作用。消费者之间的共创是新阶段研究的主要方向，但双边网络效应、消费者社会性动机等（如消费者在网络中的表现使其得到其他参与者的欣赏，从而获得成就感和满足感）的存在，都让消费者内部的交互沟通及协作共享存在价值创造的巨大潜能和创新商业模式的强大动力。

◆ 3.2.2　价值共创的运用场景与内涵拓延

根据笔者的归纳，人们对价值共创的关注与理解主要经历了三个阶段的演

变：从最初的产品与服务的价值提升，到企业与利益相关方共享价值，再到融合社会创新的价值创造，价值共创的应用场景越来越广泛。共创的目标不再局限于经济价值，还可以是在解决社会问题、生态环境问题等过程中所创造的各类价值。共创的主体也不再仅仅指代企业和消费者，也可以是其他任何领域的组织或个体，并且主张打破企业主体和其他主体的领域边界（见图3-4）。

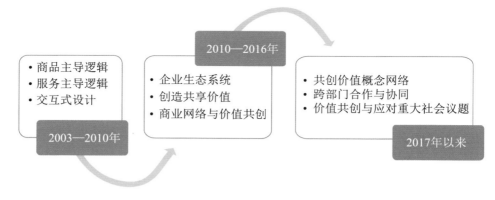

图 3-4　价值共创研究路径和主要结论

（1）早期（2003—2010 年）：企业与消费者的二元视角

价值共创的概念最初出现在商业领域，用以指代企业与消费者共同创造价值的过程。早期（2003—2010 年）的价值共创研究着眼于共同生产的过程，将企业与消费者二元视角下的关系及相互作用作为分析对象。此阶段下的价值共创主要衍生于此前的商品主导逻辑和服务主导逻辑，认为"消费者是价值的创造者而不是消耗者"，并强调通过视角交互和资源整合来动态提升产品和服务价值。学者基于对市场上生产者和消费者之间关系变化的洞察，提出消费者不再是被动的购买者，而是积极地参与企业的研发、设计和生产，贡献自己的知识和技能（Payne 等，2008）。价值共创被认为有助于改善消费和使用体验，并促进产品和服务创新（Bitner 等，2008）。在此范畴下的一些行业术语，如产品共同开发、用户参与设计、众包与众创、交互式服务系统等，都体现了价值共创的理念。

（2）中期（2011—2016 年）：商业网络与企业生态的系统视角

一些管理领域学者开始超越企业与消费者的二元视角，将价值共创的理念拓展到战略管理、企业生态系统、企业社会责任等领域。在价值共创概念演进的中期阶段（2011—2016 年），学者基于对企业多类别、多层次利益相关方的考量，从企业生态的视角来阐述价值共创的内涵与意义。其中最具代表性的是 Porter 和 Kramer（2011）提出的创造共享价值范式（Creating shared value），即通过重新界定企业边界，构建更加包容的价值链体系，进而创造既有益于社会也有利于企业的共享价值。创造共享价值被认为代表了一种重塑商业与社会关系的范式变革，促使企业拓宽传统的价值边界，更加关注和思考其所处的生态系统。周文辉等（2015）的研究指出，在不确定和动态环境下，组织需要与各类利益相关方通过资源整合和模式创新来实现促成共识、共生与共赢，进而提升组织韧性和应变能力。

（3）近年来（2017 年以来）：从商业领域到公共服务

随着理论和实践的发展，价值共创的理念从商业领域延伸至社会创新领域。2017 年以来，尽管商业网络和企业生态仍然是价值共创的关注焦点外，公共服务领域和可持续发展领域中的价值共创也逐渐成为热门话题。很多社会问题越来越难以依靠单一组织的创新与创造活动来有效应对 (Baltaci 和 Balci，2017)。尤其是应对贫困、饥饿、气候变暖、不平等这些复杂社会挑战，涉及多种系统要素间错综复杂的互动与互赖关系，因此需要跨部门、跨领域、跨层次的多元主体参与和协同努力（George 等，2016）。不同领域、部门的主体，如政府、企业、民间组织和社区等，可以通过跨组织的沟通与学习，在愿景、价值与规范层面形成共识，促进各类资源的联结与整合，开展持续、协同的社会创新与创业行动（Cherrier 等，2018）。此外，国内学者也论述了社区公共服务中的价值共创：在数字生态下，通过界面、平台和流程等，各个社会主体不再是被割裂开的领域板块，而是在线上平台和现实生活中跨部门的互动群体，是社区公共服务领域实现价值共创的重要参与者，通过识别需求、达成共识、搭建场景、整合资源和关系、高频互动等过程，实现社区公共服务供给的流程再造和价值重构（张毅和贺欣萌，2021）。

◆ 3.2.3　共创理念下的创新范式

对于企业、科研机构等，长期以来的传统创新范式都是围绕价值网络或价值链条展开，创新突破也是谋求从低附加值到高附加值的结果导向型攀升路径。在传统创新范式中，创新参与者关注的是最终的创新成果、创新价值及相应的价值分配。创新成果往往诞生于设备精良的实验室、高校、企业研发部门或专业性质的研究所等。在共创理念下，创新主体需从价值分配的视角转向价值创造的视角，促进实现多边共赢并谋求更高的综合附加值。在管理创新领域，学者和实务者越发认识到知识协同与共享的重要性。我们识别出该领域中体现共创理念的 3 个前沿概念，即协同式创新、开放式创新和社会创新，并从中解构出与共创相关的理念要素。

（1）协同式创新

协同式创新的概念最早由美国麻省理工学院斯隆中心的研究员彼得·葛洛正式提出。他认为协同创新是由自我激励的个人或组织所组成的网络，共同形成的愿景，并通过网络交流思路、信息和工作状况的合作，实现共同的目标。从这个定义中不难看出，协同创新的核心和本质在于创新合作的主体之间各自具有比较优势，在融合资源和创新分工的过程中相互学习、相互借鉴、取长补短。

协同式创新强调共创参与者主体间的互动、互补和强关联特征。这个概念与协同学有着密切关联，而协同学的思想最早源于物理学中对开放系统的研究。在激光学的研究中，人们发现原子发出的光通常是无序的，但当激光系统的控制参数达到某个阈值时，大规模的原子会以高度有序的状态进行辐射，并相互关联形成激光。因此，协同的根本表现形式就是原本复杂多变的无序系统转变为有序系统，并创造出巨大的能量。

从已有的学术研究来看，协同创新模式的应用场域可以分为两大类型：①企业场域的协同创新。在资源基础观和知识基础观的指导下，战略联盟、研发外包和专利合作等协同创新工具被广泛应用。这有利于知识的流通，实现中小企业资源的交换共享，从而显著降低企业的研发成本，提升企业的创新效率。这种形式的协同创新被视为企业间实现创新协同的有效途径。②社会场域的协同创新。指代以系统理论为基础，关乎多重价值、全要素、全时空的全面创新模式。在这种模式下，企业、政府、科研机构等多元创新主体进行沟通互动、资源共享，充分发挥创新型人才的作用，建立创新场域内外部资源高度协同的全面创新模式。在我国，社会协同创新是实现创新型国家战略目标的重要途径。政府、产业界、学术界等多元主体通力合作，共同构建国家创新生态系统，促进了知识的生产、转移和利用，进而服务于我国自主创新的战略性目标。

（2）开放式创新

开放式创新强调共创参与者的位势流动和弱关联特征。在信息规模量级爆炸和知识更迭速度空前的时代，技术创新的环境变化纷繁复杂，即使是跨国的大型集团公司也很难实现所有技术的自给自足。为适应环境变革创新模式，开放式创新成为新形势下组织及个体的必然选择。开放式创新的概念由美国学者切萨布鲁夫首次提出，切萨布鲁夫从资源视角指出了开放式创新两方面的内容，即同时利用创新场域内外部的创新资源及商业化资源。后续学者在此基础上进行了概念延展（见表3-3）。在开放式创新模式中，创新主体通过投资、项目合作或共同生产的过程，系统性地鼓励和主动搜寻广泛场域内外部的创新资源，如技术和创新思想等，有意识地把企业的能力和资源与外部获得的资源整合起来，并获得技术研发的最终成果。创新主体还通过多种渠道开发市场机会，将该技术成果通过自有渠道输送到外部市场，或者利用其他渠道如技术转让和资产分派实现创新成果的商业化，再由市场将信息反馈给自身研发部门，以修正或规范相关创新产品与服务。

表 3-3　开放式创新概念内涵

研究视角	代表学者	主要观点
资源视角	Chesbrough（2003）	同时利用内外部的所有有价值的创新内容；同时利用外部两条市场渠道。
	Hastbacka（2004）	综合利用内外部的技术和创新思想；通过市场进行技术转让和资产分派，由市场将信息反馈给研发部门。
	West 和 Gallagher（2006）	企业内部的能力资源与外部所获资源进行整合，并通过多种渠道开发市场机会。
流程视角	Chesbrough（2006）	目的性地利用知识的流入流出。
	Lichtenthaler（2011）	涉及组织内外部的知识开发、知识保持和知识利用相关活动。
认知视角	West 等（2006）	一种创造、转化和研究实践的认知模式。

与开放式创新形成鲜明对比的是封闭式创新。在封闭式创新下，创新主体存有对创新过程绝对控制的愿望，这种意愿迫使创新主体及其创新过程保持高度的自主性和独立性。而开放式创新则需要创新参与者持有更加包容的

心态，对多样化的创新实践进行汇总，提高组织或社会创新系统的开放度，增强其搜索知识、获取知识、吸收知识和利用知识的能力，并反馈推进共创场域内部研发能力的提升，实现创新场域内部所有主体的协同发展。

（3）社会创新

社会创新强调参与者的多元属性和社会价值导向。1957年，德鲁克指出社会创新是相对于技术创新而言的，关于社会创新的研究是组织理论和营销实践领域的非技术性创新研究。1994年，扎普夫系统性地梳理了与社会创新有关的研究成果，并首次界定了社会创新的概念，认为社会创新是在较大程度上改变社会发展方向的新组织结构、控制手段和生活方式。由于社会创新的成果可以更好地解决当下的社会问题，所以得到了普遍推广和进一步制度化。在政府部门以外，引入私人部门及非营利性组织作为社会创新领域的新型组织机构，有助于解决社会问题、改变社会关系、创造共享价值、增加社会福利，最终实现提高整体社会效率的系统性变革过程。

尽管研究的理论视角和场景设定不同，社会创新概念都体现了三个基本特征：一是系统性。社会创新的特殊性在于其创新路径的社会属性，创新参与者需要对经济发展、社会大众、生态环境、制度规范，甚至风俗文化、价值观念等进行全面系统的考虑。二是互动性。社会创新往往需要多个主体共同合作和实践实施，不同参与者之间会持续互动，涉及利益、目标、价值观、知识、经验和资源等多个方面。三是广泛性。社会创新涉及广泛的利益相关者，包括商业企业、政府部门、非营利性组织、社会公民等。它的创新目标和影响效力同样广泛，例如解决长期存在的社会问题、提高人民群众的生活质量、改善政府管理治理水平、改善社会生态环境、塑造正确的文化价值观念等。

综合而言，这三种创新模式均强调创新角色的互补性、多元性与流动性，不过各有侧重（见图3-5）。协同式创新强调创新角色的互补性和关联性特征，开放式创新则关注参与者之间的互动、激发和随机耦合，社会创新将共创的目的和价值导向拓宽到社会责任和可持续发展等宏大议题之下。然而，无论是协同式创新、开放式创新还是社会创新，这些概念都未能对共创的前提、过程、支持条件以及共创主体的角色等进行系统性阐述。当然，上述对共创相关概念的内涵探寻和特征描述，为本书下文对"共创"给出的一般化阐释提供了重要的启发和参考基础。

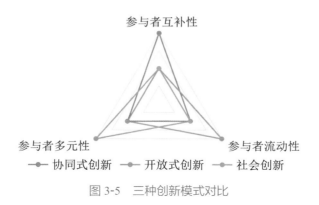

图 3-5　三种创新模式对比

3.3 共创范式的内涵阐释

◆ 3.3.1　共创范式的现代内涵

可以看到，不同领域的学者和实务者在探讨共创时的语境有所差异，对共创的解读也有不同侧重（汇总整理见表 3-4）。本节基于应对复杂环境系统下顽劣问题的视角，对共创范式给出一个一般化的阐释。在波动性、不确定性、模糊性等越发显现的当今时代，很多问题都难以依靠单一组织的创新与创造活动来有效应对 (Baltaci 和 Balci, 2018)，而更多地需要突破传统的组织边界，创造多元参与和协同努力 (George 等，2016)。笔者结合多年的"共创坊"组织和参与经历，以及基于共创理念的多次宣讲及教学课堂的实践反馈，将共创范式阐释为：**汇集多元主体参与，在具备催化、使能与学习功能的场域中，推动形成"原型—试验—反思—迭代"的创新与实践过程**。其中多元主体参与是共创的前提条件，场域是共创发生的支持环境，"原型—试验—反思—迭代"是共创实现的过程要素。共创范式不限于特定的应用情境，而是基于应对复杂环境系统—顽劣问题的一般性视角，共创的产出内容也可以体现为不同形式。共创目标也不拘限于商业利益或商业价值，而是具备更多的社会导向和更高的责任意识，成为服务于多元个体和激发微观价值的多层次结构模式。

表 3-4　各理论视角下的价值共创概念内涵

作　者	理论基础	价值共创概念内涵
Payne 等（2008）	服务主导逻辑理论	共同创造者，通过互动和对话为客户带来更多参与机会使供应商获益的过程。
Elina 等 (2012)	服务主导逻辑理论	价值共创的过程包括诊断需求、设计解决方案、整合资源、管理冲突和实施解决方案。
Quach 等 (2017)	社会资源理论	资源整合使我们获得必要的资源和机会，然后通过资源和服务交换共同创造价值。
Merz 等 (2018)	服务主导逻辑理论	价值共创是指生态系统中所有参与者之间的网络关系和社会互动为品牌创造感知使用价值的过程。
戴亦舒等(2018）	互补性资产理论	创新生态系统中各主体通过开放、协作满足各自价值和生态系统整体目标，实现价值共创。
冯长利等 (2016)	利益相关者理论	价值共创由制造—服务集成商、专业服务提供商、顾客和潜在利益相关者四种主体交互实现。
Pera 等 (2016)	社会交换理论	不同利益相关者相互作用，创造超越单个组织边界价值的过程。
钟振东等 (2014)	价值共同创造理论	企业提出价值主张，顾客通过使用资源和企业及其他网络伙伴共同创造价值。
Vargo 等 (2004)	服务主导逻辑理论	生产者提供满足消费者个性化需求的产品和服务，消费者在使用产品和消费服务过程中共创价值。
Michael E. Porter 等（2011）	创造共享价值（CSV）	企业为社会创造价值，应对社会挑战，满足社会需求的过程中，创造出巨大的经济价值。

　　资料来源：整理自杨伟，王康. 供应商与客户价值共创互动过程研究综述 [J]. 软科学，2020，34(08): 139-144.

◆ 3.3.2　共创导向的特征表现

　　复杂挑战背景下，共创可视为一种就问题应对方案的集体搜寻，另一种协同创新与创造的问题应对方式。与点单式创新，或多点在固有模式下分工协作的方式不同，共创需同时满足多元性、创新性与交互性这三个特征。

首先，多元性特征是共创的基础。共创需涉及多元背景主体的参与和构建，而非单一的组织或个体。这些主体可以包括来自不同组织、不同学科领域、不同经验背景的人员。多元性的参与可以提供更广泛的视角、知识和资源，促进问题的全面理解和解决方案的多样性。

其次，创新性特征是共创的核心。共创强调对固有模式的突破，而不仅仅是对既定方案的分工执行。共创鼓励参与者超越传统的思维模式和解决方案，勇于提出新的想法和创意，探索未知领域，为问题的解决带来创新的视角和方法。

最后，交互性特征是共创的重要手段。共创强调多元主体在思想与行动上的互见和作用。这意味着参与者之间需要进行积极的沟通、协作和反馈，共同构建共享的理解和共识。通过交互作用，参与者能够共同创造新的知识、智慧和洞察力，不断优化和完善解决方案。

尤其在面对剧变时代与顽劣问题的情景下，共创的价值在于突破单一主体进行创新的局限性，同时强调多元主体之间持续性的互动、协作与反馈。通过汇集多方力量，促进信息与智慧的交互，进而实现对复杂问题的更有效应对。

需要强调的是，本书所界定的共创并不限于特定的应用情境（如产品设计、公共治理、企业变革、组织创新等），而是基于一个应对各类复杂挑战的综合视角，共创的内容对象可以是一个新的产品，也可以是一个新的政策、新的模式、新的组织、新的标准等。此外，共创也并非仅仅是多元主体聚在一起的分工协作，而是涉及交互式、迭代式的创新模式，通过持续的互动和反馈不断迭代和改进解决方案。

超越前述所提及的在不同理论领域和不同现实场景下衍生出的共创相关概念，本书对共创提供更加一般化、系统性的范式呈现。本书将在第四、五、六、七章节对共创的前提、场域（支持条件）、过程、工具等核心要素展开详细阐述，以帮助读者全面掌握共创的内涵、逻辑原理及实操应用法则。

第四章

共创的前提：
多元利益相关方的汇聚

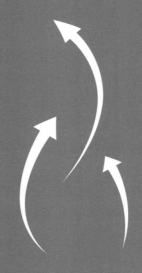

　　让跨界、多元的主体走到一起，是共创发生的前提。共创的价值在于突破单一主体进行创新与实践的局限性。在共同愿景下，多元主体进行信息、观念和思考的碰撞，共同看见问题和机遇。无论是企业，还是政府机构、社会组织，都可以成为共创的发起和召集者。共创的召集者、运营者以及参与者形成持续互动的开放式社群。

4.1 跨界组织与多元利益相关方

要想实现共创，最基础的前提条件是跨界联合资源和多元主体参与。当今时代下，我们越来越多地提到"跨界"，跨界是现实中很多重大创新被激发的关键前提。随着互联网、数字化以及社会生态系统等不断深化构建，跨界交流越来越频繁，各种融会联合逐渐趋于常态化。跨界参与从表象上看是一种"合与作"的关系，但背后也隐含着各种差异，存在着跨界思考和多元的思想内涵，也包含着相互学习、沟通和协调。跨界联合的目的是发展和创新，是让不同的思想和价值观念相互碰撞，让不同的方法和实践相互渗透，不同的技能手段相互结合。

从更学理的角度来看，所谓的"跨界"本质上是指代跨越不同的制度领域。制度领域是新制度主义流派中的一个相对宽泛的概念，可以由不同的部门、行业、社会族群、文化等来划分出不同的制度领域。在各个制度领域中，有其特有的、已被制度化的理念、规范、实践以及语汇等，其中涉及的元素是促成创新的丰富养料。在共创范式下，创新想法与实践可以是来自不同领域中不同元素的拼凑或重组，也可以是在混合不同元素的基础上所涌现出的全新要素和模式。

在共创范式下，跨界以多元联系和联结为目的，跨越地域、文化背景等方面的界限，获得广泛世界观和价值观的认知，同时建立良好的沟通与交往。跨界和多元参与可以被视为建立一个平台，或是一座通往共创的桥梁，有助于互相间取长补短、促进交流和共同提高。正是由于这些多元的交织，促进了知识结构的拓展，开发了思维模式的潜力，扩大了视野，展示出多样的方法手段、表现与表达。具体而言，通过设计"共同愿景""召集"多元主体，促进多层次的"组织沟通"等兼具阶段性和迂回性的复杂活动，最终促进共创的实现。

◆ **谷歌通过广泛联结跨界伙伴来创造社会影响力**

2005 年，谷歌创立了慈善组织（Google.org）和谷歌公益基金会（Google Foundation）来开展公益，实现更大的社会影响力。

面对复杂的社会问题，谷歌认为最好的解决方案来自那些离问题最近的人，因此倡导与非营利组织、社区等建立联结，通过资金、创新想法和技术专长的有机结合来为这些主体赋能。

因此，除了直接进行慈善资助以外，Google.org 和 Google Foundation 注重利用谷歌的产品与技术优势来吸引非营利组织的加盟，如帮助非营利组织：

——加强协作、提升工作效率：创设 G Suite 公益版工作平台，集成 Gmail、Google 文档、Google 日历、Google 云端硬盘和 Google Meet 等安全可靠的智能商务应用；

——在线覆盖更多捐赠人：利用 Google 广告助力公益计划；

——用视频与支持者互动：利用 YouTube 助力公益计划；

——提供社交、分析和优化工具：如利用 Google 地球和 Google 地图制作富有吸引力的数据可视化内容，利用 Google Maps Platform 来找到距离最近的社区计划和资源。

利用特有的产品与技术优势，Google.org 平台募集到众多非营利组织的合作，撬动多方资源来提升解决社会问题的效率，并不断扩大公益的影响力。[1]

4.2 共享愿景："让大家看到同一个月亮"

彼得·圣吉在其著作《第五项修炼》中提出，共同愿景本质上是人们内心的愿力，是"我们想要创造什么？如个人愿景是人们心中或脑海中所持有的想象和景象，共同愿景也是组织中成员共同持有的意象或影响，使各种不同的活动融汇起来"。共同愿景反映了全体成员的共同价值观和目标方向。

从最原始的角度讲，共同愿景是人们内心一股令人深受感召的力量，它创造出众人融为一体的感觉，并将这种感知遍布到组织各个层次、全部方位的活动。当人们之间存在有共有愿景时，这个共同的愿景能够将人们紧紧地

---

[1] 上述功能在 Google.org 官网上有着极为丰富的展示：https://www.google.com/intl/zh-CN/nonprofits/.

团结起来。具体从社会机构、企业组织或联盟伙伴的角度来看，企业的共同愿景就是用长远眼光来看待"企业将走向何方"的问题。田志龙和蒋倩（2009）在研究中国 500 强企业愿景时提到，企业的共同愿景就是要解决企业将成为"什么"企业的问题。共同愿景被组织成员所接受和认同，是全体组织成员共同价值观、使命和目标的体现，是组织成员共同勾画出的组织未来发展的远大理想和蓝图，是组织愿景与个人理想的交集部分。

共同愿景包含三个基本要素：共同目标、价值观和永恒使命。广阔的愿景并非一朝一夕就能达到，通常组织需要设立具体的、可以落实的规划，规划中必须设定具体可行的目标。这些具体目标一般可以在短期内达到，相对于正式宏大甚至可能颇具压力的愿景而言，常常更加轻松、个性化和更能激发成员的行动兴趣。价值观则是组织为了实现未来的蓝图愿景，要求内部成员必须遵循的基本原则和价值取向。一个组织必须构筑起科学的、先进的价值体系，才会有组织精神和组织灵魂，才能向组织成员清楚地阐释共同愿景存在的根本原因和实现的正确路径。永恒使命是组织存在的理由，是对组织成员关于"组织为什么而存在？"等根本性问题的回答。更具体的问题可能包括："我们的最终目标是什么？""我们能为其他人或社会整体创造什么？""我们所创造的内容或成果是否具有独特价值？"等，对这些问题的回答能阐明一个组织存在的意义与价值，并对组织成员产生强大而持久的引导力量。只有当目标、价值观和永恒使命这三个要素融为一体，共同组成组织的愿景时，共同愿景才能在描述组织未来走向的同时，还使得组织成员相信它是可以实现的，并愿意为之付出努力和顽强奋斗，推动组织健康发展。

对组织成员而言，设立共同愿景对提升自我认知能力、挖掘内心潜在能量具有重要作用。共同愿景还有利于缓和成员伙伴间的紧张状态、加强成员间的资源分享与沟通交换，为组织吸收应用所获取到的知识或其他资源提供一个稳定的内部环境，进而提升资源内化的效率。对于组织整体而言，共同愿景的存在使得组织成员在各项活动中保持连贯性和一致性，这有利于形成巨大的组织凝聚力，避免误解并减少利益冲突。在社会生态系统的不断演化和进化过程中，共同愿景可以平衡生态参与者与外部环境之间的复杂依赖关系，对生态的持续增长与连续稳定进行动态调节，有助于为系统和组织在充满不确定性的环境中创造并保持竞争优势，为不同领域的新兴参与者带来创新的机会空间（Opportunity space）。

4.3 共创组织与沟通：松散型组织的兴起

◆ 4.3.1 松散型组织与共创

应对问题的过程中，参与者之间在资源和行动等方面的多维度互补和匹配，不仅意味着参与者的多样性，也意味着一系列不可分解为双边互动的多边关系集合（Lavie 和 Singh，2012）。汇集多元相关方的形式是不限定的，并不一定要形成一个正式化、强联结的组织或关系网络，也可以包含非正式的、松散型的协作关系。复杂性挑战涉及的要素纷乱庞杂，单一主体的视野及思考难以形成系统性覆盖。因此，需要让跨界、有代表性的利益相关方走在一起，共同看见问题，并参与应对。George 等（2016）提出，应对重大挑战不只是依靠技术进步，而更多地需要多元跨界的利益相关方在共同目标下进行协同地、持续地努力，并不一定是要形成一个正式化的组织，或形成一个强联结的关系网络，也可以是非正式形式的、松散型的网络组织。类似的，多元主体在组织中的信息沟通，也并非一定需要通过正式化的交流渠道，非正式的沟通方式也能实现信息和知识的传递，完成人与人之间的多样化联结。

共创范式强调开放性、多样性与协作性，而在今天越来越多的松散型组织中蕴藏丰富的共创潜力。松散型组织（Loosely-coupled organizations）是一种组织形态，其特点是强调灵活性、去中心化和自组织能力。与传统的严格层级结构和集中式权威决策相比，松散型组织更注重自由协作、快速反应和信息共享。现代社会的不少重大创新是由松散型组织通过共创而孵化出现的。例如，美国硅谷的蓬勃发展与一些松散联结的创客俱乐部密切相关，黑客文化和互联网变革都孵化于一个大多在车库中聚会的松散型俱乐部。

在松散型组织中，权力和决策权通常分散在各个层级和角色之间。组织成员享有更大的自主权和自我管理的自由度，可以自行决策并对其行动负责。这种分散的权力结构有助于激发创新和创造力，鼓励成员参与和承担更多的责任。松散型组织的联结并不仅仅限于部门和层级之间，而是可以跨越传统组织边界，促进跨团队和跨功能的合作。信息共享和透明度也是松散型组织的关键要素，以便成员能够更好地理解整体情况，并作出更为准确的决策。由于没有过多的层级和烦琐的决策程序，松散型组织能够更快地作出决策并迅速行动，更好地应对快速变化和不确定性的挑战。

对于共创而言，松散型组织相比强结构组织或科层化组织拥有诸多优势。首先，松散型组织鼓励多元主体的参与和构建，使得共创团队能够汇集来自不同背景和领域的专业知识、经验和观点。这种多元性促进了创新思维和创意的产生，为问题的解决提供了更广阔的视野和多样化的解决方案。其次，松散型组织往往赋予个体或团队较大的自主权和自由度。在共创过程中，个体或团队能够自主地决定参与的程度、方式和时间，以及选择采用的工具和方法。这种自主性使得共创参与者能够更加灵活地应对变化和调整创新方向，从而提高共创的效率和成果。此外，松散型组织有利于多元信息的传达与交互。共创参与者在松散网络中促进不同领域知识的共享、经验的交流和观点的碰撞。这种交互性和协作性有助于深化理解、拓展思维，激发创新的火花，并促使共创团队形成共同的目标和共识。

◆ 4.3.2　正式或非正式的组织结构

松散型组织很多都采纳了非正式的组织结构。所谓正式组织，是指为了有效实现组织目标，达成组织效率而将各成员间的相互关系进行合理且有秩序安排的组织形式。正式的组织结构常常具有明确的目的，统一的领导以及确定的规章制度及分工协作范式，是组织经过精心设计后建立起来的，可以在一定程度上被分割为不同结构单元的层级关系。正式组织中组织成员为满足自行需要，而在相互影响中建立起的超越职务关系的团体，被称为非正式组织。非正式组织，譬如同乡、校友、自发的科研群体、书法兴趣小组等，常常是由正式组织中一些具有相似特征的成员所构成。这些群体成员或是性格相像、兴趣相似，或是工作性质类似、社会背景相当、价值观念一致。非正式组织也会在逐渐的磨合与交互中，形成被其内部成员共同认可并遵守的行为准则，由原本随机松散、凌乱无序的状态逐步趋向有序且固定的组织形态。

从组织结构的维度，将正式的共创组织和非正式的共创组织进行对比性分析（见表4-1），可以发现不同形式的共创团队具有如下四类鲜明特征。

表 4-1 正式共创组织和非正式共创组织特征对比

	正式共创组织	非正式共创组织
共创目标	被多数成员识别认可	可能不被识别或认可
组织架构	清晰明确	烦琐复杂
权责归属	共创网络位置	共创参与成员
社会属性	相对缺乏情感连结	基于共同的兴趣圈

（1）正式共创组织的共创目标是能被大多数共创主体所意识并认知到的，无论是召集者主体还是参与者主体。但在非正式的共创场域，共创目标不一定能被其内部成员所识别及认可。

（2）正式的共创团队一般都具有高度明确的组织架构，其架构如图层级分明的金字塔一般，由具有不同权力、责任和地位的共创成员所构成。而在非正式的共创场域中，成员类型繁多，权责交互重叠，架构相对复杂。

（3）在正式的共创组织中，每种网络位置都被指定了实现共创所需要履行的义务职责和相应的权力归属。共创参与者则被分配到各种不同的网络位置，职权通过具体的参与者予以行使。非正式共创组织中的权力责任是附着于每个参与者本身，而不是固定于某个特点的职位。在大多数情况下，非正式场域的共创领导者是由其他成员自行推荐或多数人的自主选择。而那些在共创网络中占据最优的结构位置，拥有更高程度的中心属性，以及兼具强关联和弱关系等丰富联络数量的人，更能在非正式共创组织中发挥领导功能，担负领导责任。

（4）与正式共创组织相比，非正式共创组织则更具社会属性。因为从本质上来说，非正式的共创场域是人们为了满足自身社会交往的需求，而在原本的工作环境中产生的一种文化或兴趣圈层。基于深厚友谊或共同爱好基础之上的共同圈子，往往有较强的亲和力和凝聚力。而在正式的创新网络中，每个共创参与者的层级地位，身份声望都被其正式职位所约束和规范，反而可能相对缺乏创新所需的自由主义特征和成员精神共鸣。

◆ 4.3.3 正式或非正式的沟通机制

当我们深入共创组织内部日常的交流沟通和行为交互的观察中时，可以看到其沟通渠道的多样性和丰富性。关于沟通的方式类型，国内外文献有诸多不同的分类方法。梅红（2007）按照沟通的结构将沟通分为下行沟通、上行沟通和平行沟通。Johlke等（2000）根据沟通方式的正式与否，将沟通分为正式和非正式两种。

共创场域内，正式沟通指按照共创组织的明文规定，依靠共创组织的正式结构或层次系统进行的信息传递与交流过程。举例来说，正式的信息沟通包括不同共创圈子的公函往来，共创圈子内部规定的成果汇报、定期会议、请示制度、上级指令以及文件发放等。而非正式的沟通则是指通过正式沟通渠道以外的共创信息交流和知识传达方式。以非正式渠道传达的信息内容常被称作"小道消息"，小道消息既可以是一种流言蜚语的散播方式，也可以成为促进合作、激发创新的灵感来源。常见的非正式沟通有生日宴会、鸡尾酒会等多种类型的生活集会、共创组织举办的各类活动如家访、串门等；非正式沟通的形式相当灵活，沟通的场所和时间也相对多变。

正式与非正式的共创沟通呈现出不同特征（见表4-2）。在共创信息的传递过程中，二者的作用区别主要在于以下五点。

表 4-2　正式共创沟通和非正式共创沟通的特征对比

	正式共创沟通	非正式共创沟通
规范程度	兼具规范性和正规性	随意、灵活且松散
沟通内容	与共创工作有直接关联	更容易表露真实的思想动机
情感属性	基本没有情感属性	满足了参与者的心理需求
沟通效率	速度、频率和效率都比较低	效率高、速度快、形式灵活
真实程度	真实性更高	真实性得不到完全保障

（1）正式的共创沟通渠道更具规范性和正规性，非正式的共创沟通渠道则更具随意性、灵活性和松散性。在非正式的沟通方式下，共创网络中的一个参与者节点可以任意流动到网络中的另外一点，具有自由流动的特性。在此过程中，与共创相关的信息及知识的沟通模式也不是固有的或随层级关系而定的。

（2）在正式的沟通方式下，沟通内容一般是与共创工作或任务有直接关联的信息，沟通双方鲜少表露真实想法。但非正式的沟通主要是就双方所关心的共创话题进行交流，常常是针对个人的兴趣或爱好，既没有正式的规则和约束，也没有明确的议题或形式。在沟通中，参与者更容易表露真实的思想动机，透露一些在正式沟通中难以表达的信息。

（3）非正式的共创沟通具有更强的情感性。这是由于共创网络内，导致非正式沟通形成的部分原因就是共创参与者的情感需求和社会属性。这有别于正式沟通中单纯的上传或下达，非正式的共创信息交互可能是交叉重叠和跨级别的，它打破了原有共创场域中既定的等级差异，跨越了显性的圈层边界，把参与者的心理需求放在了沟通目的的首位。

（4）非正式沟通的效率更高、速度更快、形式上也更加灵活多元，其所依赖的共创成员人际关系网络往往超越了部门单位的层级关系，并围绕着参与者主观上感兴趣的话题而进行。正式沟通却常常通过正式共创组织的层级关系而实现，这不仅意味着共创信息传递渠道的单一性，还降低了共创知识传播的速度和频率，造成效率递延。

（5）即使共创信息在非正式沟通的环境下拥有上述诸多优势，非正式沟通中消息来源的不固定，传递方式的无限制等随机特征，使得参与者通过非正式沟通获取的共创内容可能并不具有完全的真实性。非正式沟通的情绪性和情感性特征也进一步加大了相关消息的不确定和虚假性程度。

在共创过程中，非正式沟通和正式沟通存在交互重叠、此消彼长和互相催化促进的可能。需要参与者进行合理的评估运用，以求最大化沟通效率、最小化信息流失。非正式和正式沟通的交互关系主要体现在以下三个方面。

（1）在正式的共创组织中，共创知识的传递应该以正式沟通为主，以非正式沟通为辅。正式的共创场域中，起主导作用的大多是通过组织的正式结构和系统进行的正式信息交流。这类共创信息准确度和真实性都比较高，也更易于参与成员的保密，保持相关内容和沟通过程的权威性和正规性。

（2）非正式沟通的作用在正式的共创场域中依旧不可忽视，值得注意。非正式沟通可以弥补正式沟通环节中，信息传递速度较慢、传播渠道单一等导致的共创信息失真的结构性问题。因此为了共创活动的顺利进行和共创成果的圆满实现，也需要依赖非正式沟通的"润滑剂"功能。

（3）在非正式的共创圈子中，非正式沟通是沟通实现的主导形式，但存在两种不同的表现方式。第一是由非正式共创组织的共同领导出面，表达对下级参与成员的关怀或关切，让普通成员感知到积极的情绪体验，如心理上的温暖。常见的形式有组织领导参加员工的生日会等。第二则是非正式场域内各个参与成员间的相互交流、信息沟通以及与之相关的情绪传达，地位相似或背景差异较小个体间的沟通更能实现充分的倾诉，满足交流者的心理需求，实现共创群体内部的团结和凝聚。

4.4 召集节点与网络途径

基于共同愿景，有必要对潜在的参与成员进行召集，进而构建共创的团队网络。多元主体的接触、联结与最终耦合，依赖于丰富多样的召集网络和处于关键位置的召集节点。召集网络的重叠性越低，召集节点的中心度越高，网络结构洞的分布越广，召集机制链接目标的相对效率和最终价值也就越高。在多元召集者和丰富召集机制的联合作用下，组建联合跨界主体和代表性关键群体的共创团队。

◆ 4.4.1 召集者与参与者

召集者也可被称为召唤者、发起人等，召集责任可由机构、平台或个人等多种形式单独或联合承担。召集者是在整个共创活动正式开始之前，负责信息传播、接触联络、上通下达，甚至组织策划等的专门或兼职人员。共创生态系统中的召集者并非一定是能力最强、影响力最大或资源最丰富的，而是能够通过正式或非正式的组织安排，临时或制度化的沟通渠道，巧妙且智慧地利用自身的绝对影响或多重的身份特质，将共创活动的信息与知识进行广泛传递，并有效作用于与其有直接或间接交易的多元主体。召集者是积极有效地促进和引导生态系统发展的指挥者。

以商业生态系统或产业平台为例，尽管美国战略专家摩尔指出，商业生态系统具有自组织、自适应、不断共同进化等生命体特征。商业生态系统仍然需要召集者的存在，即生态领导者企业，这类企业是整个商业生态系统中的核心。在运营的过程中，领导者企业提出商业生态系统最初始的"价值主张"，创立并沟通平台发展的原始愿景，理解并识别顾客价值和商业机会。在明确自身定位及主要的技术、产品及主导设计的基础之上，领导者为其他企业提供工具、技术和愿景激励，召唤呼吁合作伙伴协同开发迎合领导者愿景的补充产品或服务。苹果、谷歌等生态领导者企业不仅需要关注自身内部能力的构建，还要维护整个商业生态系统的健康发展。

参与者是指原本不属于现有的共创场域内，但由于受到召唤者的感召，产生对共创价值的认同和加入共创场域的意志，并最终参与到共创活动中来的外部人员。共创活动常常涉及并汇聚了来自各个地区、不同背景的参与者们，因此必须考虑到参与者的功能作用以及参与者之间的相互作用，解决可能出现的利益冲突并致力于达成共识，关注参与者与外部世界间的联系等。按照时间维度，参与者还可以被划分为早期参与者、中期参与者和后期参与者，短期参与者和长期参与者，并在不同的共创期间发挥不同的能力属性和功效价值。随着时间的推移，参与者还要重新定义自身能力，以及与他人的关系，实现共同进化。为了接纳新的参与者及与参与者相关的知识、数据资源等要素，共创系统需要具有某种程度的"开放性"，因为它们涉及跨越场域边界的互动。但共创系统的开放程度和开放类型各不相同，并且任何形式的边界开放往往都以控制权的部分牺牲为代价。因此，即使共创场域的边界是开放流通的，但开放也仅限于精心选择的圈子内。开放的价值不在于参与者数量的最大化，而在于参与者价值的最优化，并基于每个参与者能在何处、以何种方式为共创系统贡献价值。

例如在商业生态系统中，力拓矿业集团（Rio Tinto）在数据管理方面就与一个由多家公司组成的生态系统协作，包括微软（Microsoft）、埃森哲（Accenture）和思爱普（SAP）等。为苹果的 AppStore 和 iTunes 提供应用程序和内容的企业，谷歌搜索引擎所连接的网站和广告商，以及沃尔玛全球供应链平台上的产品供应商均属于参与者。这些合作性的企业参与者，为实现生态或平台的共同愿景，围绕领导者的产品或技术，基于共同认可的标准，开发相应的补充产品和服务，并通过开放性接口实现交互和协同。生态的价值取决于参与者所提供的补充产品和服务的可用性和创新性。

当然，召集者和参与者的例子绝不仅仅局限于企业产业链或商业生态系统中。一种典型的跨界召集和参与的范式是 PPP 模式，即 Public-Private Partnership，指代政府和社会资本合作的模式。作为公共基础设施中的一种项目运作模式，PPP 鼓励私营企业、民营资本与政府进行合作，参与公共基础设施的建设。在 PPP 项目的正式启动和运行过程中，政府公共部门常常作为项目召集者（法人招标等形式）而存在，非公共部门则基于双方的共享价值和理念认同接受参与者角色定位，利用所掌握的资源参与提供公共产品和服务，从而在实现政府公共部门的职能的同时也为民营部门带来利益，使有限的资源发挥出更大的作用。自20世纪90年代，PPP模式取得了很大进展，广泛适用于世界各地的公共管理领域。在欧洲尤其是英国，PPP适用的领域涉及交通运输、公共服务、燃料和能源、公共秩序、环境和卫生、娱乐和文化、教育和国防等。广泛的召集、参与和广泛的适用情形是PPP模式的属性特质之一。

召集者与参与者之间具有身份可转化性。召集者和参与者之间时常出现身份的相互转化，召集者在共创活动的后期常常承担起参与者的作用与功能，参与者也可能在共创行为中兼具召集者的信息传达效应。简而言之，共创成员的身份可以是多元复杂且流动变化的。以气候变化领域为例，今天的中国，已是风能和太阳能等清洁能源发展领域的领军者，也在国际社会应对气候变化的诸多行动中发挥重要作用。中国作为负责任大国，不仅以合作共赢的精神发挥桥梁作用推动气候谈判，还积极承担符合自身发展阶段和国情的国际责任，在全球生态文明建设中发挥"中国作用"，实现了在气候环境领域，从合作性参与者到倡导性召集者的身份转化和身份强化。

◆ 4.4.2　形成共创社群

召集过程势必遵循一定的召集原则，依靠特定的召集机制。在大多数情况下，汇集多元主体的关键在于社会化关联。这包括个体与其他个体的直接关系数量及相对关系属性，比如强关联或弱关联，也包括社会网络整体的主体结构和地势特征表现，如网络位置或网络中心度等。

（1）从强关联到弱关联

弱关系理论的提出者、著名社会学家马克·格拉诺维特认为人与人之间、组织与组织之间都存在一定频率的交流沟通与接触互动，因而会形成纽带与连接。从连接强度的角度剖析这种纽带联系，是一个包含时间总量、情感强度、相互信任以及亲密程度等多种因素的复杂组合。这种联系从强度上，可以分为强连接和弱连接两种形式。

具体而言，可从四个方面来划分强弱连接：①互动的频率，互动的次数多就是强连接，次数少即为弱连接；②情感深度，感情较强、较深为强连接，反之则为弱连接；③亲密程度，关系紧密亲切即为强连接，关系稀疏松散则为弱连接；④互惠与交换的频率，互惠交换频率高为强连接，互惠交换频率低则为弱连接。

强连接在网络关系中具有十分重要的地位，尤其在组织或个体之间形成的共创关系中尤为显著。处于不同网络位置的个体、企业和组织，在行为主体双方交流频繁的情况下，彼此间产生情感上的亲密协同和信任程度的促进提升，行为双方均可从强连接中以优先顺序，更轻易地获取强有力的支持。特别是对于那些当前处于不稳定、不确定位置的个体而言，跟网络内其他稳固个体建立起强有力的连接关系，是其获得信息、资源以及随之而来的安全感和情绪支撑的重要手段之一。当共创场域中的组织或个体，特别是召集者，具有跨越组织边界的强联结关系，比如长期友谊时，就能够更好地应对复杂变化的外部环境以及各种不确定因素的频繁冲击，处理和解决共创场域可能遭遇的部分危机，帮助共创成员平稳度过当下的困境。强连接更重要的优势体现在交流双方的信任机制和信息合作，这不仅体现在与召集者有强连接的组织或个体，更可能出于信任参与到共创活动中来，更表现在强连接才是更多高质量、高可靠性的信息和隐性知识的传播和共享渠道。原因在于，高价值的知识或资源常常是极端复杂且具有一定的黏滞和邻近效应的，共创成员要想完整地获取相关资源，必须通过开诚布公且频繁亲密的交流方式来实现，弱连接的作用微乎其微。

在传递信息、知识等特殊资源的过程中，共创网络中的弱连接会起到很大的作用。在某些情况下，弱关联的重要性甚至可能超过强连接。特别是考虑到环境的不确定性和问题的高度复杂性，以及共创活动所具有的临时性、非正式性和跨界社群属性，基于弱连接的松散耦合网络，可能更有利于共创社群的形成、存续和发展。导致强连接在共创网络中作用弱化的原因之一，在于连接主体双方的趋同性特征。在一定的社会网络下，个体间存在互动和交往的前提条件之一就是双方在性别、年龄、教育程度、职业身份、收入水平等社会经济特征上的相似性。而频繁互动和亲密交往的强连接交流过程，更是让互动的主体之间不断熟悉，并使得他们所具有的文化、经验、背景、资源来源和知识结构等日益趋同。在共创场域下，虽然强连接的共创者或潜在参与者之间互动频繁，但互动给共创圈内增加的知识、信息或资源的相似性极高，并呈现边际效用递减的结果，最终造成资源和信息的冗余与浪费。

与强连接不同，前人通过研究和检验发现，弱连接常常萌生于社会经济特征迥异、阶层背景差异显著的组织或个体之间。由于行为主体之间在文化和知识背景上差异巨大，因此通过弱连接传递给共创场域的知识和信息都更加新鲜，召集者利用弱连接募得的参与者也具有更高的异质化程度。而这种信息、资源以及行为主体等方面的新颖性、多元性和异质性恰恰是实现共创所必需的。此外，作为一种不频繁的、疏远的联系（Granovetter，1973），弱连接很可能是"桥连接（Bridge）"，能实现小群体之外的个人或群体的联结，提供新颖的信息，发挥搜索优势，Granovetter（1973）使用"弱连接的凝聚力量"来强调弱连接的作用。

考虑到强弱关系各自的特征差异，如何在共创的召集过程和召集机制中，更好地利用召集者关系的强弱属性，同时规避相应的不利要素呢？这需要召集者同时考虑参与者的地域背景特征和召集过程的阶段性差异。

首先是考虑地域背景的差异性，比如国别差异。在发达的市场经济体中，合作与共创的途径更多地体现为非人格化的市场交易方式，由于存在基于普遍的信任原则和产权规则的制度背景，弱连接成为信息获取的主要方式；而在东方国家，普遍的信任原则和清晰的产权规则有待建立，为了保证合作的效率，强连接便是社会中对资源和人脉进行获取的主要方式，信息传递与合作共谋往往是人情关系的结果，人情关系通常就是一种强连接。

其次是考虑召集过程的阶段性。从整个召集过程来看，往往是初期需要发展弱关系，后期则要依赖或塑造强关联。召集者的弱关系可以在召集初期发挥搜索优势，疏远的、不频繁的联系有利于召集者对新颖信息的获取，连接小群体之外的潜在参与者——个人或群体，发挥桥连接作用。McEvily 和 Zaheer（1999）的研究表明，具有丰富桥连接的集群企业能够更好地获取新的信息、思想和机会，集群企业在桥连接丰富程度上的差异是集群企业竞争能力异质性的重要源泉。召集者的强关联则可以在召集过程的中后期发挥转移优势，尽管弱联系在某些情况下具有提供新颖信息的优势，但是弱联系在个体间的知识分享，特别是复杂知识分享时存在着转移问题。同时，作为一种频繁且密切的交互，强联系在为共创成员提供社会情感支持，降低网络成员之间的冲突水平，形成共同解决问题的机制，以及抑制合作伙伴机会主义行为等方面的作用通常也要强于弱联系。

（2）从中心度到结构洞

共创网络中，除了召集者或初始参与者的联系特质，特别是联系强度会影响到召集机制的召集效率和最终结果。共创成员的网络位置和结构特征，如成员所处节点的网络中心度，共创网络中的结构洞数量等，也会从系统层面对召集过程以及相应的信息、知识或其他资源的吸收流动产生显著作用。

召集者在共创网络中的节点中心度是识别其网络位置重要程度的关键属性之一。概括来讲，中心度就是识别网络中具有高度连接的活动者。中心度也是分析社会网络最重要和最常用的概念工具之一，是关于行动者在社会网络中中心性位置的测量，反映了行动者在社会网络结构中的位置或优势差异。从具体的测度层面来看，网络中心度的衡量主要包括节点中心度、紧密中心度和间距中心度三个方面。

中心度的相关研究表明，社会网络中参与者间的中心性程度是不平等的，有的参与者处于中心位置，有的则处于网络边缘。中心性的差异也意味着他们在所拥有的知识、信息等资源特征上存在差别，这些差异常常通过权力等级、声望等社会属性来体现。

中心性越高的召集者或初始参与者，其召集和汇聚多元主体的能力也就越强。以微博为例，一般要好的朋友都会在微博上互相关注，以延续现实中的友谊。微博博主相互关注的人数规模可以成为测度其网络中心性程度的变量之一。博主在微博上的关系网络在很大程度上是其社会关系中权力、信息、资源、影响力、亲密度以及关系强度的缩影。换句话说，一个在微博关系的各个维度上居于中心位置的人在真实的社交关系中也不可能处在网络边缘。

网络中心性的另外一类关键表现形式被称为"中介中心性"，或称"中间中心性"，是指一个网络节点占据了其他两个节点之间的中间位置，若没有这个节点，其他两个节点就无法取得联系。个体可以通过占据该位置，通过控制另外两方形成社会资本，进而获得经济效益。这个节点所占据的位置一般称为"桥"，罗纳德·伯特在《结构洞：竞争的社会结构》一书中称之为结构洞（Structural holes），并最早提出结构洞理论。

结构洞可以分为局部结构洞，即通常所说的结构洞，聚焦行动者对其直接联系人的结构性间隔，数值上以其直接连接关系间的密度和凝聚度来计算。而在直接联系人的自我中心网络中，又会对其直接联系人进行结构间隔，由此形成的结构洞对于聚焦行动者来说即是次级结构洞。全局结构洞的概念是相对于局部结构洞提出的，并首次出现于 Regans 和 McEvily（2003）的研究中，是一种更高层次上的结构抽象。它的构成条件较为宽松，可以包含间接连接，一般只要两部分节点之间存在间隔，没有直接连接，就可以认为其间存在全局结构洞。相对于局部结构洞，全局结构洞可以更加灵活地探讨不同层次网络结构所产生的功效。因此其在网络创新管理中也有着更多的应用。

占据社会及共创网络中结构洞位置的召集者或初始参与者具有重要的社会资本。首先，当召集者占据多个结构洞时，有利于其获取更独特的信息和异质性知识。结构洞犹如电路中的绝缘体，阻碍它两侧的人进行信息交流和知识沟通，这使得结构洞两侧的信息流具有异质性。而与结构洞两侧都建立联系的召集者则跨越了结构洞，能够直接获取结构洞两侧独特的信息流。初始共创网络所跨越的结构洞数量越多，越能够获取到不同方面的知识和信息，进而帮助提出更具完整性和创造性的共创方案。其次，结构洞位置上的召集者还具有控制优势，召集人可以利用自身的中间性对必须流经其位置的信息或知识加以控制，并从信息的不对称中获取中介价值或仲裁收益。中心性还赋予了召集人对其联系人施加影响的权力，削弱控制结构洞两端联系人的相互交流，从而防止结构洞的填充，以维持结构性利益的稳定。最后，结构洞还可以给召集者提供经验优势，即关于管理和利用结构洞的社会网络知识，这其中包括如何协调和控制联系人的经验、维持结构洞的经验，以及创造新结构洞的经验等。当召集者拥有占据结构洞的相关经验时，可以明显地扩大现有的共创网络范围，提升共创成员内部的知识密度，减缓现有桥连接效用的衰退，构建出更有效率和信息丰富的共创网络环境。

◆ 4.4.3　关键多数原则

整个共创圈召集过程的落脚点和最终目标就是寻觅、确定并拉拢跨界且具有代表性的关键群体。具有跨界和代表性特征的关键群体（Critical Mass），对于集体行动的演进发挥重要影响力，且具有至关重要的先导作用（Oliver 和 Marwell，1988）。在社会学中，关键群体指代在一个社会群体中，达到足够数量的个体或参与者，从而引发变革或产生显著影响的阈值。

（1）跨界属性

复杂环境系统中的要素庞杂分布，且存在广泛的互动与互赖关系，单一主体的视野及思考难以形成系统性覆盖。应对其中的顽劣问题，往往不只是经济或技术层面的挑战，还可能涉及社会、文化、生态环境等多方面的要素勾连和问题衍生。需要让跨组织、跨领域、跨层次的相关方走在一起，共同看见问题，并参与到应对当中。此外，由于模糊性的存在，不同专业、不同地域、不同层次的组织或个体，由于其在认知结构和观察问题的视域上存在差异，对问题很可能有不同理解。需要汇集多方视域，进行多视角的汇集、碰撞，相互看见，并对问题各个剖面进行充分辨析，进而才可能形成具有共识性的解决方案。

以商业生态系统为例，已有研究普遍认同商业生态的本质在于焦点企业与参与者以及参与者之间，在资源和活动等方面的多维度互补和匹配。这意味着商业生态必须接入多种类型参与者（包括顾客），进而才能实现价值共创。跨界参与者作为生态的构成内容，不仅意味着参与伙伴的多样性，而且意味着在生态系统内部，已经形成或正在形成一系列不可分解为双边互动的多边关系之集合。跨界的多元主体依靠匹配的价值主张而非终端产品增强了顾客的锁定效果，进而推动焦点企业在更加丰富广阔的资源基础上实现非线性成长，合力产出具有突破性甚至颠覆性的创新成果。

（2）关键规模

关键群体的第二个重要特征是"关键规模"，即不同关键群体在人数规模上，恰好都能达到使其发挥最佳效用的数量水平。关键规模由两个维度衡量，第一是"规模适中/最优"，第二是"结构合理"。

规模上的适中既包括共创团队全部人员在总体数量上的最优，也包括不同特征共创成员的各类型数量和组合比例的适中，这就促成了结构上的合理性。适当的规模衡量了各类投入要素在共创场域内聚集和结合的程度，是共创功能得以有效运作的数量规定。关键规模既不是越大越好，也不是越小越好，只有处于最优规模，合作共创的规模经济优势才能充分得以实现。作为一个合作创新的中间组织，成员数量的增加能够促使成员之间的分工相对明确，能够充分节约资源，形成互补的创新能力。但是随着共创联盟中人员数量的增加，可能导致联盟中机会主义盛行，出现监督困难、协调不当等系统性问题，使得联盟中的交易成本居高不下，因此当规模达到一定程度之后反而会使共创网络的合作效率降低。

那么最优规模应该如何确定呢？现实中，集体性质的社会或经济主体规模常常是自然选择和政府干预的结果。共创背景下，适当规模的确定应该是以获得规模经济效益为目标，通过调整和改善各类型共创参与者及其相关知识、信息等资源要素的数量规模及组合比例来实现的。关于关键群体最优规模的特征，可以参考企业最优规模。但是共创场域有自己的特殊性，其最优规模不仅具有经济特征，而且一定的创新特征。具体而言，为实现共创目标的最优规模有以下特征。

第一，关键群体最优规模应以充分取得最佳创新绩效为目标。客观上，共创网络存在着最优规模，当达到最优规模时，单位创新产出的成本最低，创新投资的经济效益最好。

第二，关键群体最优规模应以充分发展分工和协作为目标。规模经济的来源之一是分工和协作，对于共创系统这有两方面的含义：一是某个共创圈子内部的分工和协作，可能导致该共创网络规模的扩大，产生经济效益；二是在更广泛的共创场域内，各个共创圈之间的分工和协作，可能使得某一共创圈子的规模缩小，依旧能产生创新效益。

第三，关键群体最优规模应以一定时期的创新成果产出为目标，社会大众对共创场域的各类型产品有数量、质量以及社会效益的要求，这从创新产出质量的方面限制了共创场域的要素利用水平和实际生产规模。换句话说，最优群体规模并不要求过度地使用社会资源，导致创新标准或创新质量的下降，最优规模必须完整地保证共创成果的社会功效。

4.5 三圈共创设计：兴趣圈、工作圈、共创圈

在整个共创的过程中，跨界和多元参与的关键群体（召集者或参与者）在创新场域内以及创新场域的边界，不断召集呼吁、交互沟通、信息共享，并使得信息知识或其他资源，在个体网络位置上的位移流动、交换共享与迭代升级，以期实现最终的共创式创新。在此期间，共创主体本身的位置也并非固定，反而是遵循特定的规律在广泛的共创场域内形成一定的行为和移动轨迹，并短暂汇聚停留于不同的共创圈层，这些圈层包括兴趣圈、工作圈和

共创圈，其对比参见表4-3。个体在多个圈层内部和圈层之间发挥着独特的角色作用，附着有圈层特色的共创主体又可能将圈层特点嵌套进个体的角色属性之中。兴趣圈、工作圈和共创圈是跨界共创主体进行社会创新的具体场所，是不同背景关键群体实现个人兴趣、职业诉求以及社会创新等单点式目标，及其交汇融合的重要形式。

表4-3　兴趣圈、工作圈和共创圈三圈对比

圈子类型	参与成员特征			治理机制		圈层关系
	模块化程度	互补性程度	竞合关系	成员资格属性	成员自由度	相互转化
兴趣圈	模块化程度较高	互补性程度较低	内部竞争程度一般	边界开放性高；正规性低；紧密性低；排他性低	成员自由度高	共创圈形成的前提；可能孕育于工作圈
工作圈	模块化程度一般	互补性程度一般	内部竞争程度较高	边界开放性低；正规性强；紧密性高；排他性强	成员自由度低	可以独立于兴趣圈和共创圈
共创圈	模块化程度较低	互补性程度较高	内部竞争程度较低	边界开放性高；正规性一般；紧密性一般；排他性一般	成员自由度高	可能脱胎于兴趣圈或工作圈

◆ 4.5.1　三圈定义与特征分析

圈子或圈层源自社群的概念。社群是为了解决一个或者多个问题，由一群有相互关系的人形成的正式或非正式化的组织网络，其中人和人要产生交叉的关系和深入的情感链接。社群既囊括个人、家庭、网络以及其他受到倡议而启发建立的组织，也包括那些参与集合具有影响力行动的组织。在笔者参与的共创实践中，涉及可持续发展金融[①]社群、乡村振兴社群等。

---

① 可持续发展金融（或可持续金融）是指以社会、环境和经济可持续性为导向的金融活动和投资。可持续金融涵盖了多种金融工具和方法，如可持续债券、绿色债券、社会债券、ESG投资、社会责任投资、影响力投资等。

圈子则基于社群的概念深度更进一步，既是一种文化和兴趣，同时也是一种信息和人脉的集合。圈子往往是一个身份和财富对等、知识结构和价值观相近的人的特殊群体。一个优质圈子，必须是一个四维空间——既有广度和深度，还有信任度和专业度。优质圈子对其内部成员的作用显著、功能突出。据《中国财富圈》一书策划人刘玉蒲先生介绍，中国顶级财富圈子成员，每个人背后都是一个庞大的产业集团，位居一个行业的前列，比如柳传志的联想集团、马云的阿里巴巴、丁磊的网易等。即使最普通的商学院类的圈子，通过"圈友"间的生意交流，探索新的投资管理之道，进而实现强强联合、抱团发展、成就大生意的事情也屡见不鲜。

（1）兴趣圈

多数人都有自己的独特爱好，并由此归属于相应的兴趣圈子。个体的兴趣圈帮助其丰富生活并从中获得归属感和自我认同感。中国青年报社会调查中心联合问卷网对 1982 名 18 ～ 35 岁青年进行的调查显示，超过九成的青年有自己的兴趣圈。兴趣圈在为圈内成员提供更为丰富的认同资源和更为广阔的认同空间的同时，可以营造共创的良好气候和氛围。此外，基于网络媒介和传播技术的发展，兴趣圈的形成和作用方式有了更多的可能性，并具有了更加强大的创意激发能力。与传统的兴趣圈相比，虽然都是基于共同的兴趣而集结。现代兴趣圈呈现出了一些新兴特点：首先是多元性，人们可以根据更加细分和小众的爱好或需求结成规模不一、独具特色的兴趣圈子；其次是流动性，圈子成员的身份属性不是固定的，人们可以在不同的兴趣圈之间来回穿梭，或拥有多重圈层身份，也可以享有临时性的圈内角色，即用即弃；最后是无限性，成员可以不受物理时空的限制，在任何地点、任何时间创建新的兴趣圈或加入旧的兴趣圈，并与圈内角色随时互动。

（2）工作圈

与兴趣圈形成鲜明对比的是人们的工作圈。工作圈中人们的交互对象常常是与自身职业直接相关的职场领导、工友、同事、下属以及合作方伙伴或项目对接人等。工作圈内成员的交流交互以工作或任务的高效实现为目标，以既定章程和行为规范的准则要求为导向，并没有太多的情感或社会属性。

在微信已然全面攻占用户生活圈及朋友圈的情况下，越来越多的互联网产品开始渗透人们的工作圈，其中最为典型的就是钉钉、企业微信和飞书。钉钉率先打响了协同办公的第一枪。2015 年，阿里的钉钉 1.0 版本正式上线，从信息共享、流程管理、办公沟通等方面促进工作圈的数字化和智能化。2016 年，由腾讯微信团队打造的企业微信也在 iOS、Android、Windows、Mac 四个平台同时上线，进一步优化企业外部沟通和营销场景下的工作圈效率。

（3）共创圈

共创圈是价值共创活动的场域前提，是跨界与多元关键群体进行合作性创新活动的基础位置单元。共创圈整合了各个关键领域的多个利益相关者共同创造价值，实现了创意激发、实践验证、创新研发以及共创成果推广等多个环节的价值联动。通过共创参与者之间的跨界合作，以及各领域的信息、知识等资源互动构建起的多维价值共创圈，在实现合作共赢的同时，也要求跨界主体的业务范围相互独立，尽可能没有交叉和规避竞争。兴趣圈和工作圈均有衍化成或孵化出共创圈的潜力，共创圈也可能塑造出全新的工作圈和兴趣圈。共创圈打造具有以下四个核心要点：①共创圈的本质是圈内成员协同为彼此创造价值；②共创圈的形成基础在于愿景共识；③共创圈参与者之间的互动是实现价值共创的基本手段；④从生产到消费和反馈的整个周期都存在着价值共创。

共创圈参与者通过多种沟通渠道积极表达价值诉求，共创圈取舍和融合所有成员价值流的信息和资源，在打造与改良共创成果的过程中，持续参考参与成员和市场的反馈信息，以此不断促进资源和价值的相互转化，实现"1+1>2"的共赢。

以施耐德电气为例。总部位于法国的施耐德电气，以提供能效管理与自动化、数字化解决方案著称。为了更好地助力中小企业加快数字化发展，施耐德电气携手亚马逊云服务、联想集团、清华大学全球产业研究院共同发起"共创生态圈，共筑工业梦——绿色智能制造创赢计划"活动。施耐德电气整合工业生态圈资源，致力于打通数字化转型的"最后一公里"，合作共建开放、融合、创新的产业链平台，全方位提供企业的数字化解决方案。

◆ 4.5.2 圈际流动与圈层交互

兴趣圈、工作圈和共创圈可以在参与者个体层面实现点对点的交互、重叠与转化，也可以在组织层面实现圈层间面对面的融合、共通与汇合。

首先是参与成员的多圈属性。"集体"成员身份界定中常常具有多重的社会边界，圈层身份重叠现象时有发生。这意味着该参与者所在的网络位置，兴趣圈、工作圈和共创圈三类圈子的职责和功能归属实现了统一与融合。这类型的网络参与者常常具有更丰厚的信息优势、更多元的资源储备，以及更高的身份位势，对价值共创的实现起到关键作用。

其次是参与成员间跨越圈层边界的知识传导。如前所述，点对点的信息传递并不一定需要依靠正式的组织架构或使用正式沟通的规范化渠道。特别是随着互联网的发展和普及，以微信、钉钉等为代表的社交或移动办公软件大量涌现，不仅打破了沟通的时空壁垒，提供了更便捷的沟通渠道，也使得非正式沟通呈现线上化和移动化的趋势。在模式多样的即时通信手段加持下，三圈场域内的非正式信息传导更容易突破圈层界限，跨越圈子边界，实现非线性和自由化的沟通。

最后是参与成员本身的圈际位移，以及不同圈层间的相互转化和孕育。参与成员的圈子身份可能随着时间的演化而出现阶段性差异。除了兴趣增减、工作更换以及共创任务的变更等非结构性变化因素导致的圈子身份改变外，兴趣圈、工作圈和共创圈之间也存在角色转换和圈层融合的空间。出于兴趣聚合而来的同道中人，有可能在"把酒言欢"间灵光一闪，把握住创意从而形成临时性的共创圈。当这种价值共创被制度化固定，形成特定的创意模式时，工作圈的雏形又开始出现了；工作圈则常常是孕育兴趣圈和共创圈的天然场所。公司或部门等共同现实场域的存在，为以个人兴趣或价值创造目的集聚的人群提供了物理空间。正式工作的正规性甚至过度理性，更使得出于个人情感情怀而诞生的兴趣圈或共创圈成为人们自觉守护的精神家园；共创圈的非正式或临时性特征源于参与者的兴趣甚至情绪的不稳定性。但共同目标和价值追求驱动的终极使命，激励着参与者用正式工作甚至高于一般工作的行为标准和成果要求严格律己，积极沟通，谋求合作，最终实现价值共创。

◆ 4.5.3 共创社群的动态运维

三圈模型中，最重要也最为关键的一个圈层是共创圈，共创圈或构成共创圈的人群集合又被称为"共创社群"。社群相关的概念源远流长，对社群的研究最早始于 20 世纪 70 年代的消费社群，2001 年品牌社群的概念被提出，随着近年来互联网的发展，许多学者又聚焦于在线社区，对其进行了较为充分的研究，并认为在线社群对于创新存在着积极的作用。综合关于社群的多种概念并进行一般化概述，笔者认为，社群成员在三圈中是可以动态流动和转换的（见图 4-1）。

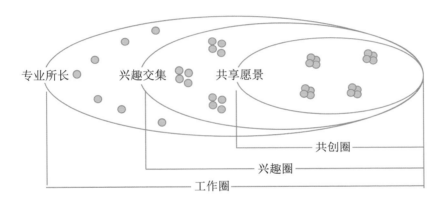

图 4-1 三圈模型

社群成员在共创中并不是同质化的存在，除了之前提到的跨界和多元属性外，还可以根据成员对共创活动的参与深度和频率等指标，对成员进行任务维度划分。此外，共创社群强调自由意志，并基于自由意志构建松散的网络结构，没有紧密的权力结构约束、严格的强制性规范或正式的领导。因此，成员之间的关系起初主要是偶然性导致的弱关联，随着共创任务的深入，这些关系可能逐渐变得紧密，并成为彼此间新的社会资本，从而重塑社群内的网络结构。社群的边界也是开放的，根据作用来定义位置的结构，强调角色的功能属性而不是角色的权力归属，任何具备相应能力或资源的个体都可以填补特定的位置，或在适当的时候选择退出。

共创社群的共同创新在维持自由性质的基本前提下进行，这取决于之前提到的共享愿景和良好的社群氛围。共享愿景是共创社群形成和持续发展的基础，它涉及一系列共享的态度、信念、经验、价值观和规范，以指导共创成员的行动。而社群氛围则是比共享愿景更直观的感知概念，是社群成员可以直接或间接感知到的共创场域中的某些特质。在共创场域中，良好的社群氛围强调自由、支持和尊重，营造一种友善支持的环境，鼓励社群成员积极参与创新活动，激发他们的创新动机和合作行为。

◆ 4.5.4　实例：企业能人与乡贤的角色切换

乡理组织，如乡贤参事会、乡贤理事会、乡贤工作室等，越发成为推动乡村共治共创的重要载体。[①] 除了提供资源、信息和公益服务外，乡贤组织还能参与到村庄公共事务、重大事务的建言献策与决策咨询工作。以江西省吉安市永丰县三坊乡的下坊村为例，观察其乡贤如何嵌套契合于该村基层民主自治、村务村事解决以及其他村内创意项目的资源支持与共创实现过程，进而体现其角色在兴趣圈、工作圈和共创圈中的转换。

下坊村在打造宜居、宜业、宜游的美丽生态休闲区过程中，"人"即"圈子"的作用十分突出。首先是由下坊村村支两委成员构成的正式工作圈，下坊村党支部成立于 1957 年，现有党员 44 名，村委班子成员 6 人，最年轻的仅 24 岁。其中被称为"山村致富领头雁"的退伍村书记深受群众喜爱。他依托本地的山地资源，发展特色种养，帮助村民走上致富道路。其次是2018 年在县委统战部、乡政府支持指导下成立的下坊村乡贤联谊会，乡贤会成员由互相推荐而来，没有制度化的薪酬回报，偶尔有富有乡情特色的礼物赠送如岩前泉米等。这些下坊村出身，但在城市有稳定的工作和收入的能人贤士们构成了以帮扶乡里为目标的兴趣圈。他们互通信息，整合资源，商讨意见，共同为七彩岩龙湾的发展建设出资金、出智慧、出力气，并最终形成以各种"营地研学""旅游服务"以及其他类型的村庄项目为导向的共创圈之雏形。在村委班子的支持下，基于乡贤制度所带来的优越资源和人才优势，七彩岩龙湾积极开展各类创新型乡村项目。2018 年，乡贤组织开展"增殖放流，人放天养"活动，购买了几万尾红鲤鱼，投放于下坊河流，并成立了全国首个河流守望者村级教育基地。提出遵循自然农法，种植不打农药、

---

① 　"乡贤"是指在乡村当地享有一定声誉、作出贡献并被社区尊敬的人物。

化肥，不撒除草剂的大米品牌——岩前泉米，并把它推广到北京、上海、广州等大都市。

　　下坊村的三圈成员是相互重叠和自由流动的。村委会的核心领导都属于乡贤联谊会成员，融合于乡贤圈中。乡贤圈又联结了身边的朋友、同学或同事等，甚至成立专家顾问群，为村庄发展献计献策、提供信息支持。因此，农耕体验、观星摄影、营地教育、越野徒步等丰富的创新类乡村项目，得以在三圈成员的交互流动和意见碰撞中实现萌芽发展和实践落地。

第五章

共创的支持条件
—— 场域的力量

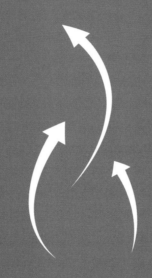

　　共创发生于跨领域、跨层级、跨组织的网络中，需要场域来承载多元主体参与，并提供充分的支持条件来促进他们持续、有效地展开互动。有效的场域具备催化、使能和学习三个重要功能，促进多元主体共同看见问题和挑战，在场域中实现信息、观念和思考的碰撞。场域的搭建可以是正式性和常态化的，也可以是非正式性和临时性的。

5.1 场域："围炉煮茶"下的意识连接

多元相关方之间的汇聚、互动以及社群能量能否长期维持，对于共创的迭代效果至关重要。延续这种共创势能需要社群结构和互动机制层面的保障，即本章所要讨论的共创"场域"。

共创常常发生于跨领域、跨层级、跨组织的网络中，因此需要一个场景来容纳及承载多元主体汇集，并提供充分的支持条件来使得多元主体能够共同看见和有效互动。 当共创用于应对复杂环境下的顽劣问题，共创过程的支持环境尤为重要，它影响到共创活动能否在复杂易变的情形下也能顺利推进和持续。例如，怎样让完全不同领域的人坐到一起，并且还能有效沟通与持续协作？多元参与者在共创过程中很可能在价值导向、认知规范和行为惯例上显现出互异的张力，怎样面对和处理这样的张力？是否能将多元的张力转化为创新的动力？共创的场域对这些过程产生关键影响。

场域为多元的参与者提供了一个共同的物理或虚拟空间，促进参与者之间的沟通与互动，进而促进共创成果的产生与迭代。**共创的场域鼓励开放性、多样性与协作性，因此场域可以是正式的，也可以是非正式和临时性的。** 事实上，现代社会的重大创新，很多都孵化于一些非正式或临时性的场所。例如在下文第六章中提到的家酿计算机俱乐部，其作为一个非正式的场域载体，却催生了跨时代的互联网变革。美国硅谷的蓬勃发展在很大程度上起源于这类临时性的创客俱乐部或创客"车库"文化。17世纪的英国咖啡馆也是这样一类孵化了人类重大创新的非正式场所。其最早是水手、商人和船老板交换商情的场所，提供出港时间表等信息，一群商人、批发商、股票经纪人和知识分子在咖啡馆的八卦和议论，使得股票公告的雏形得以出现，咖啡馆也改装成了后来著名的伦敦证券交易所。

◆ "围炉煮茶"与场域

近年来广受追捧的"围炉煮茶"，就是对当下社会人们积极寻求社交场域的一种体现。"围炉煮茶"是中国传统文化中的一种社交活动，多在冬季或寒冷的天气中举行。而今天，人们对于"围炉煮茶"的需求已不分季节和天气，并且越来越多的年轻人也热衷于这项传统活动中。参与者围在桌边煮茶、品茶点、聊天，早已不是以取暖为目的，而更多是作为敞开心扉、交流思想、增进认识的一种新潮方式。

　　本质上，"围炉"的意义在于为人们的线下交流与互动提供了有效的场域。无论是围绕学习、工作、生活，还是探讨各类天马行空的话题，这种场域让大家在一种更自然的状态中打开自己、与他人分享和思想碰撞。在不同情境下，其实都能找到适合其场景下的"围炉"，这种"围炉"促进多元主体之间的交汇，甚至可能激发出一些重要的创新思想。例如孵化出证券交易所原型的英国咖啡馆，以及在硅谷成为潮流的创业车库，其实都是"围炉"的不同表现形态。

　　此外，全球越来越多的前沿性实验室也开始崇尚共创理念，将实验室营造成为一种开放性而非封闭性的创新创造场域。例如，麻省理工学院（MIT）创立的数字制造实验室（FabLabs）定位于一个开放的创新空间，支持计算机科学家、工程师、视觉艺术家、商业创客、高校学生等不同背景参与者在同一个创新空间中共享设计文件和技术使用，进而激发创新成果。FabLabs 的理念雏形最初是通过技术创造空间的搭建，让实验室可以发挥小型工厂的作用，提供各种创造工具和设备，比如 3D 打印技术、镭射切割机、CNC 数控加工技术、电脑割字机、机械手臂及机械人等，让成员的一切创想和构思都可以迅速转化为实物，将工作成果转化为实践试验。实验室场域内的条件设置，比如制造原型的工具和设备的机械工场，支援金属、塑胶及电子物料等多种制作工序，都可以协助共创者在实验室内进行产品或工具的体验、试验、检验，对于研发及科技方案进行圆形修正与迭代。随着参与者的数量和多元性不断增加，FabLabs 也进一步发展成为鼓励相互分享知识的社群空间。不同地区的 FabLabs 之间形成联结与共享，构建起一个全球性的创新网络。多元参与者的加入，以及使用者和开发者的角色一体化，使科学创新更紧密地与社会实际需求以及本地文化相结合。

◆ 5.1.1　场域理论

场域这一概念来源于社会学家皮埃尔·布迪厄所提出的场域理论。布迪厄指出，场域、资本和惯习是现代社会空间构型的三个重要概念。其中，场域主要指由不同社会参与者构成的环境，在这一环境中，各参与者往往拥有共同的资本，并遵从共同的惯习。

"资本"不仅包括狭义上的资金与财产，同时也指向一切广义上可以带来剩余价值的资源，因此我们可以将资本理解为各种使价值产生并成为可能的资源。根据布迪厄的场域理论，资本可以被分为文化资本、社会资本和经济资本，不同的资本之间并不是相互对立或线形发展的，而是在形式上可以相互转化的。在不同的场域中，对于资本的辨识与使用都是影响行动与创新的重要前提。

"惯习"指参与者身处场域之中遵循的规则与惯例。惯习并不是法律或规则这一类硬性规定，而往往是隐形的、内化的一种规范，以潜移默化的方式影响着人们的行为。特定场域的惯习构成了场域的性质和特点，直接影响着场域的功能和场域内的活动。

场域中的各个主体之间存在着各种显性或隐性的关系网络。这种关系网络不是固定不变的网状结构，而是具有历史性、现实性和潜在性的，它本身就具有生命力。在固定的场域中，不同的角色在特定的规则指导和资源限制下，可以发挥一定的主动性和自主性，进行各种行为实践，例如经济交换、社会资源交流、人际交往以及其他各种类型的社会互动。

尽管场域这一概念起源于社会学，但近年来场域在管理与商业领域受到越发的关注。美国管理学评论（American Management Review，AMR）是全球引领管理学思潮的最顶尖刊物，在其刊出的一篇文章中，学者就提出了间质空间（Interstitial space）的概念（Furnari，2014）。这里提到的间质空间实际上就是一种实现跨界创新的场域，指代那些聚集跨领域主体的，但又是非正式的、临时性的场所，学者阐释了为何这些场所有利于催生重大创新成果以及促进该过程的保障机制。其他研究也有将在跨界前提下孵化创新的场所称之为第三场所（Third places）。这些场所可以是业余爱好者俱乐部、兴趣小组、非正式聚会、小规模研讨会，以及其他供不同背景的个体围绕共同的爱好、孵化项目或兼职活动开展互动的场所，可以是会议室、茶坊、咖啡厅等。

◆ **场域视角下的咖啡馆**

在场域的角度来看，咖啡馆不仅仅是提供咖啡的地方，它还常常兼具休息室和共享工作空间的功能。咖啡馆通过提供一定的氛围感，为人们提供了各种社交活动的场所，例如闲聊、会议或洽谈、面试，以及生产活动，如学习和工作等。此外，咖啡馆也适合举办一些社会活动，例如小型讲座、交流会、沙龙、独立创意人专题分享和新书座谈等。咖啡馆还能提供有趣和富有创意的氛围，提供既严肃但又带有一定休闲色彩的半正式工作环境和社交环境。

就资本而言，咖啡馆最基本的功能是供应咖啡和小食，为人们提供能量，这是咖啡馆最主要的经济资本。此外，咖啡馆的环境布置和设施条件也构成了场域的资本。例如，背景音乐、装修风格、装饰和主题等会影响咖啡馆的风格和氛围，也会影响使用者的思维，属于场域的文化资本。当咖啡馆具有社交属性时，场域内的使用者以及使用方式形成了社会资本。咖啡师和服务人员作为技能资本，其他配套服务和设施则构成了咖啡馆作为生产力场所的技术资本。

在惯习方面，咖啡馆通常会有一定的规则和制度设定，并内化为每个使用者的行为模式。例如，在咖啡馆中，人们通常会尽量轻挪轻放物品，交谈声音一般偏低，并且会随场域内其他人的声量而变。

◆ 5.1.2 场域与共创

场域支撑着各类社会行动的发生，也构成了共创范式下实践开展的最基本支持条件。多元主体在有效的场域内能够更容易地汇聚、互动并实现协同创造。本书基于场域理论，更一般化地阐释场域如何作为共创发生的支持环境。参见本书第六章，共创涉及"原型—试验—反思—迭代"的螺旋升级过程。**在这一过程中，多元主体的聚集，创新想法的流现，互动与碰撞的激发，以及社群能量的延续都离不开场域的支持与保障**（见图5-1）。场域所具备的以下功能对于共创的推进具有关键的引导和助力作用：**一是催化**（Facilitating），有效场域可以促进政策制定者、学者、行业专家、企业家等共同看见与共同作用，打破其各自专业领域的惯用语境，调动参与主体的思维切换与角色转换，催生创新的流现与交互；**二是使能**（Enabling），充分调动各利益相关方的内生动力，激活其为复杂挑战贡献解决方案的潜力，促进领域视角与专业优势更有效地转换为创新行动；**三是学习**（Learning），应对复杂挑战涉及多个领域的专业内容，有效场域打破信息与知识的条块壁垒，实现多元信息与知识的呈现、交互以及更新迭代，促进参与主体在交互与行动的过程中共同学习。

图 5-1　场域的功能

资料来源：笔者研学团队成员、视觉记录师陆遥友情提供

一方面，场域承载与容纳共创的发生。通过共创进行创新与变革，涉及触发式、非线性的发展路线和动态柔性的关系网络，需要让参与者能够反复观察、互动与反思。合适的场域则为共创的各类活动提供良好的承载空间及协作平台。另一方面，场域可促进主体的价值创造。有效的场域可以引导主体更快速地进入审视价值导向与捕捉价值机会的状态当中。基于场域当中的资源及辅助工具，同时通过与不同利益相关方之间的互动与协作，组织或个体能够更加有效地实现价值创造和价值共享。共创场域的重要特点之一，在于多元参与者的自由加入和平等参与。在相对松散和非正式的场域之中，参

与的个体更可能释放其内在价值，从观点、视角、技术及生产力等方面，各自对于共创的对象形成贡献。

5.2 催化空间：让连接与互动变得更容易

催化的本质是使过程变得容易。其英文"facilitate"源自拉丁语"facilis"，原意为容易的、便利的，而"facilitate"则是指促进或推动某个过程或活动的行为或过程，换言之为**使容易、使便利**。不同领域的人要坐在一起，并且还要有效地、持续地互动与创造，这是一件极不容易的事情，而场域的催化功能则是让这种共创过程成为可能。需要强调的是，人们在很多地方习惯于将"facilitate"翻译为"引导"，而笔者认为这是一个具有歧义的翻译方式。对于创新而言，创新的想法恰恰是不能被引导的，因此使用催化一词来表述更为合适。在共创中，催化强调针对过程的引导，而不是针对内容的引导。

催化是来源于生物化学中的概念，指通过催化剂加速化学反应的过程，其根本原理在于使物质之间的反应能够以较低的活化能进行。催化功能，可以使化学反应所需要的能量降低，从而使新反应的发生变得更容易、更快速、更显著。一般而言，催化的发生需要依托于环境的各项条件，由外部的诱因或者触媒所诱发，催化生化反应，并产生内在改变。在共创场域的语境之中，催化的发生则是让不同的参与成员与相关要素之间彼此作用，充分互动，打破彼此之间的壁垒，产生新的角色交互关系，使元素之间相互作用与交互变得更容易，并加快效率的过程，由此催生新的价值出现。社会架构中存在着各种触媒和动力源，潜藏于不同的社会角色和组织之中。与生物有机体类似，社会也是可以被刺激与催化的有机体，并具有自我成长的能力和趋势。随着社会结构的日趋复杂，社会功能会逐渐分化，有机体中的各个部分被越发精细化地区分。而催化在这一过程中，可以聚合不同区位的组件要素，使之发生互动并产生反应。

在共创范式下，有效的催化性场域能促进多元参与者之间广开思路，输出并吸收各类想法、智慧以及建设性意见。而一些无效的场域则可能使共创活动很早就陷入官僚主义的泥潭。面对剧变时代的顽劣问题，催化性场域可以促进政策制定者、学者、行业专家、企业家等共同看见与共同作用，打破其各自专业领域的惯用语境，调动参与主体的思维切换与角色转换，催生创新的涌现与交互。催化的核心要义在于加快反应效率，带来活化能量的作用，使共创取得成果所需的条件和时间减少、外部阻力减缓、过程更快速、作用力更显著。同时，催化也使得不同要素之间的相互作用更稳定和持续。共创目的在于价值的协同创，而场域的催化功能设计可以促使价值从无到有的生发及积少成多的聚集。在共同参与、彼此影响的过程中，引入新的视角，由此催生新的思想并建立价值创造的有效模式。

◆ 5.2.1　催化的关键要素

（1）催化者（Facitator）

催化作用通常需要依托于催化剂或催化触媒的刺激，引起反应并加速反应的产生，使处于停滞的状态转变为活动起来的状态。在社会共创之中，场域的各项设置都能起到这样的触发与推动作用，比如催化者扮演了催化剂的功能与角色。催化者的角色涉及组织、协调共创活动，维持交互和社群，促进意义构建与传播。催化者可以有一个指定的身份（但不一定是正式的或权威的），比如催化者、协调者、组织者或主持人，或引导员，或者在没有一个特定身份的情况下行使催化的职能。催化者需要有自我身份的明确认定，并持续深入地对自己和他人进行觉察。

催化本质上主要包含三类活动，即产生、维持和强化不同成员之间的互动，互动可以是语言和观点上的，也可是行动上的。与之相对应，催化者能够发挥三个主要方面的作用。首先，主持和维持群体成员的互动仪式，比如鼓励和组织有方向的讨论，并激励团队成员各抒己见，从而强化成员之间的相互倾听和关注，确保过程中的信任建立、情感能量和具体价值的产生。其次，催化者应该能够贯穿与推进互动行为的秩序与连续性，具体行为体现包括组织后续复盘会议、随着进度的推移设置会议议程、对于成果进行记录与传达等。最后，催化者可以协助与促进互动个体之间共同意义的构建，譬如通过能够撷取互动过程中所迸发的想法，或者曾经反复出现的重要观点，形成具有特定意义的词语、标签、符号等，并将这些符号与共同议程相互连接，使之符号化地代表与凝结成员们对于共同行动的共同理解。

面对剧变时代和顽劣问题，对跨界、多元、互异的参与者进行催化是具

有挑战的。催化者具备多义协同（Multivocal coordination）的能力非常重要
（Ferraro 等，2015）。多义协同是催化者在参与成员当中进行沟通和互动的
方式，这种方式强调利用多义的语汇、符号及其他象征物来促进成员间的共
识和互动，多义是指同一象征物在不同的参与者当中引发共鸣，使他们能够
从各自的角度对其进行较为一致的识别、释义与解读。

　　此外，催化者的重要工作还包括创造和强化能带来共鸣意义的象征物
（Symbols）。象征物包括语汇、标签、现场的实物、视觉图标、手势等。这些
象征物是创新活动被赋予意义的重要基础，催化者需要促进这些象征物被参与
成员识别、理解以及讨论。催化者的工作并不意味着要单方面地、指示性地来
构建和操纵象征物，而是在互动过程中积极寻找有效的象征物，或促进参与者
们自发地发现象征物，并引导他们对象征物进行解读和讨论。催化者要尽量
避免带有强烈的主观倾向，对参与者进行过度地控制，干预式地影响他们的
观念和想法。相反，催化者是一种就要即时反应的、适应情境的角色，应该
先充分观察参与者的互动情况，留意在互动过程中流现出来的象征物。

（2）**互动仪式**（Interaction rituals）

　　在催化共创活动的过程中，互动仪式能够帮助参与者提升共同注意力，
并维持投入的情绪能量。"共同注意力"（Mutual attention）指的是一种相互
看见的状态，参与者将注意力放在统一活动上，并关注其他人就这一活动的
思考和行动。在个体的角度来看，注意力包含引起关注、编码与转译，以及
把实践和精力集中投入在某一特定问题或活动上。互动仪式强调自下而上，
而非自上而下地激发参与者的注意力。在某一具体情境下，通过成员间的互
动自然引发参与者对某一方面问题的关注，而非自上而下地由意见领袖给出
一个关注的方向。

　　在共创活动中，通过互动仪式能够产生更多的或更大程度的"共同注
意力"，使得互动活动以及在此过程中形成的创新想法，给参与者留下更深
刻的印象和记忆，相关活动也更有可能被持续开展。而如果缺乏"共同注意
力"，一些创新的想法则容易被集体所遗忘，相关实践和活动也更容易被中
断，难以形成延续性的成果。

　　例如，全球流行的车库咖啡为创业与投资活动提供了具有催化功能的新
鲜场域。车库咖啡是一种特殊类型的咖啡店，通常位于车库或工业仓库等非
传统场所，以独特的环境和氛围吸引人们聚集在一起。这类咖啡店经常提供

创意饮品和食物，同时也为创业者、投资人、生意伙伴和社区成员等提供了一个共享与合作的空间。

车库咖啡之所以能成为一个新奇而有效的创新场域，很大程度上源于其特色的象征物与互动仪式。车库咖啡的命名与定位，本身具有某种精神目标与图腾的意味。车库被视为松散、空闲、非正式的空间，从惠普到苹果，从亚马逊到谷歌，许多知名科技企业都诞生于车库之中，于是便有了"车库"文化的符号象征。"车库"精神来自硅谷的创业者精神，象征着容错度高、思想活络、开放包容的创业氛围。此外，咖啡馆的招聘墙上一般会贴着色彩斑斓且新奇有趣的创意方案、项目介绍或招聘广告等。咖啡馆内每张桌子上都配有提示牌，一面显示"工作中，请勿打扰"，另一面显示"欢迎交流"。

互动仪式方面，车库咖啡一般每天有固定的"CaseShow"时间，让创业者有机会公开地在众人面前介绍项目，由知名投资人、跨领域专家、普通参与者及消费者进行点评。"午间半小时"仪式则是由车库内的参与者随机向其他人介绍自己正在进行的事情，促成大家互相认识，彼此看见，寻求资源。除此之外，常规的沙龙活动也是车库咖啡文化的一部分。

◆ 家酿俱乐部中的互动仪式

家酿俱乐部中，一个重要的互动仪式是"即兴演示"，或者被当时的俱乐部成员称为"随机存取时间"（random access periods）。在这一时间内，大家可以在自己的桌上布置机器设备，也可以随意走动，互相交流，并在别人的桌上一起摆弄他们的设备。沃兹是典型的技术极客，他不善言辞，通常不会在会上发言，但大家在即兴演示环节的最后，一般会聚集在他的机器旁，他便很自豪地演示他的进展。

此外，另一个有效互动仪式是互相赠送电子器件，一个代表性的象征物是闲置在俱乐部里的鱼缸。大家把一些想要分享的电子器件摆放在鱼缸里，其他成员可以随时拿走取用。

当然也有一些不那么成功的互动仪式。比如通过蛋糕销售来筹资的活动，很多成员并不感兴趣；还有俱乐部组织参加的一些冗长的讲座或培训会，在这些活动上时不时会出现一些成员不耐烦、走神以及半途开溜的情况。

◆ 5.2.2　自我催化、他人催化与群体催化

自我催化是指化学物本身在适当的情境条件下，自发产生化学反应的现象。在经济社会活动中，自我催化指的是个体通过自我激励和自我引导，激发内在动力和能量，以实现个人目标和成就。这种催化过程中，个体可以通过自我反思、自我鼓励和自我激励的方式来提升自己的能力和表现。自我催化是一种自主的过程，个体在这个过程中通过积极的自我评价、目标设定和自我调节，不断提高自己的动力和效能感。在满足一定的基本情境和条件要素后，个体拥有自我衍生及自我纠正的能力，进而实现自我迭代。

他人催化指他人对个体的影响和激励，通过鼓励、支持、指导和激发个体的潜能和能力，帮助其实现目标和成就。在这种催化过程中，他人的支持和激励可以激发个体的动力和自信心，提供新的视角和思考方式，促使个体更好地发挥自己的能力和潜力。他人催化是一种外部引导和支持的过程，通过正面的反馈、鼓励和模范行为，帮助个体更好地适应环境、克服挑战，实现自身的目标和潜力。在管理领域，尤其是针对复杂的管理议题，团体成效很大程度上取决于领导者是否具备催化者特质，是否为团队搭建良好的交互环境，以及是否注重团队凝聚力。他人催化是一个交互的、转换的、变化的历程，在此过程中，不断有人负责影响、赋能、激励他人，以达到个人与团体的目标。在共创过程中，催化者与被催化者的角色并非固定和单向的，而是可能会根据需要出现角色更换以及角色并存。

群体催化指的是群体成员之间相互影响和激励，共同推动群体的发展和创新。群体催化强调参与者之间相互影响与激发。群体催化中的相互作用和互动可以激发群体的创造力、合作意愿和动力，促进集体智慧的发挥和集体目标的实现。在群体催化中，成员之间的互补和互动可以激发新的想法和解决方案，推动集体的创新和进步。在共创场域中，各参与者需要从观点、价值、观念等层面上对场域中的其他成员产生影响，其前提是接纳不同成员并尊重差异。共创成员通过分享知识和经验、建立良好的沟通和合作机制，以及共同制定和追求共同目标，来促成共创的实现。由于群体催化在很多情况下无法向自我催化一样自发地作用，因此催化者的角色异常重要。

◆ 5.2.3　催化的组织形态

催化功能的实现依赖于构建多元、平等以及鼓励创新的组织形态和交流互动氛围。 共创重视多元参与者作为价值创造者的角色，不同个人被鼓励大胆表达想法、进行价值输出，使之能够更好地进行自我展示和释放自身价值。催化的组织场景可从两方面发挥效用来促成共创的发生：第一，场域的组织形式应该有助于参与者更迅速且更充分地打开自己，摒除外界干扰或外在设置的限制。人们在这一空间之内，不区分对错或优劣，尤其是不作过多前期预设，因此可以更自由地进行自己表达与自我展示；第二，场域需要能够促进不同参与者之间的互动，允许信息、观点、想法的互动，过程中可能包括实质性的协作互动，比如合作的缔结、资源置换、行动联盟的结成等，也可能包括抽象性的价值交换，比如问题的拆解、观点的交互、共识的产生，或通过辩论充分讨论不同立场下的多种可能性。简言之，两者相加，催化性的组织形式能加速参与者之间产生反应、激发参与者深度互动。就群体角度而言，催化空间的作用则是诱发与激化人群的互动，增强组织内的沟通与协调，将不同层次的智慧整合起来，彼此补充和完善。同时在碰撞的过程中，通过观点的彼此交融、影响、迭代和修正，产生新的价值。

（1）创造共享的空间。提供一个开放、包容和激励的空间，鼓励参与者聚集在一起进行合作和创意交流。这可以是一个物理空间，如创客空间、共创工作室或创新实验室，也可以是一个虚拟平台，如在线合作工具或社交媒体平台。关键是提供一个可以促进参与者相互连接和共享资源的环境。

（2）建立合作网络。促进不同领域的参与者之间建立联系和合作，搭建一个跨界的合作网络。这可以通过组织专门的合作活动、工作坊、讲座或社交聚会来实现。此外，建立在线社区或平台，让参与者能够方便地找到合作伙伴、分享知识和经验，并参与协作项目。

（3）提供支持和资源。为共创的参与者提供必要的支持和资源，以帮助他们实现创意的转化和商业化。这包括提供创业指导、专业咨询、技术支持、资金投资和市场推广等。通过建立合作伙伴关系、与企业和投资者合作，共同为创意项目提供支持和资源。

（4）建立共创文化。鼓励和培育一种积极的共创文化，使共创成为组织的核心价值观和行为准则。这包括鼓励参与者分享和交流想法、尊重多样性和包容性、培养创新思维和解决问题的能力。同时，通过认可和奖励创意和协作成果，激励参与者积极参与共创活动。

（5）设计协作机制。建立有效的协作机制，促进参与者之间的互动和合作。这可以包括定期的协作会议、项目管理工具、信息共享平台和决策机制等。确保信息流畅、决策透明，并为参与者提供参与和贡献的机会。

（6）激励创新和试验。鼓励创新和试验，为参与者提供尝试新想法和方法的机会。这可以包括支持试错和失败、提供创新基金和资源、组织创新竞赛和挑战等。通过提供创新环境和支持，激励参与者敢于尝试新的创意和解决方案。

从组织架构角度来看，为了确保高效率的内容产出以及这些内容在实践中产生实际影响，共创活动一般需要有核心骨干团队。这些团队成员将承担创建、管理和协调的职责，包括协调时间安排、搭建场景、提供必要信息等。骨干团队应在组织层面（而非内容层面）充当引领者的角色，整合各方意见，推进工作效率，明确任务目标，并设定一定的限制和边界。就组织形式而言，催化功能所针对的问题通常以议题为导向，而非仅仅关注结果。为了发挥充分的联动功能和交互作用，设计多元协商机制是必要的。因此，共创成员内部需要避免过多层级化的关系，否则容易使共创过程陷入官僚主义的泥潭。在共创场域中，成员之间应暂时摒弃正式工作场合中的利益关系或领导与下属关系，进而建立一种更加平等和开放的思想交汇与协作氛围。以企业为主要例子，参与式管理就是颠覆员工作为被管理者的角色，而是成为参与管理的成员之一，通过增加每一位组织成员对于决策过程的投入，影响参与者的主体意识，调动个体的参与热情，同时为问题贡献新的想法。催化空间有助于协调和共享，可以将不同相关方从潜在或已有的竞争关系，转到合作互惠的模式上，比如达成组织之间、部门之间的协同作战，优质资源可以被分享而非被抢夺，以建构共享共赢的解决方案。

对于参与者而言，开放包容的氛围是最基础的条件，催化空间的各种配套设施都应该服务于个人价值的发挥。具体而言，比如，共创场域中常会设置"引导员"或"催化师"的角色，通过鼓励与引导的方式，帮助参与者融入与适应，并更快地产生有用的信息或者观点。又如，共创过程的视觉记录，跟主体相关的场景布置等，可以成为共创讨论中的催化剂，作为价值产出的刺激元素，起到观点启迪的作用，也更能为参与者营造出观点被重视、被尊重的效果，塑造自我效能感。针对特定议题，催化空间作为可以提供促进反思和生成创造性对话的工具，并留足空间以验证他人对复杂议题的不同思路。这样的工具允许组织和个人质疑、假设验证和修改。

此外，**催化空间应当促进问题的发现、视角的开启以及对过往意见的评价与反馈，而非一开始就将问题本身给定并固化**。在建构主义的视角下，"问题"本身并不具有完全的客观性，而会因主体的目标、禀赋等差异而有所不同。由此，参与者对于问题的认知和界定有所不同，这很大程度上影响到问题应对的思路与效果。营造多元创新主体的催化场域，塑造具有活力的社群，对问题的拆解具有重要意义。催化性场域有助于释放每一个参与者对问题的理解及其内在价值导向，对于问题本身的交流、融合与碰撞本身就是产生价值的过程。催化过程中，通过充分吸收各参与者碎片化的意见、细节、切入点，甚至只是对现况的不满和叙述，进而共同拼凑出完整的问题解读。参与者们不需要在提出完整的思想逻辑或解决方式后，再以提案方式进行输出，而是可以从无序中激发有序的价值输出和集合。共创过程在大多数情况下都处于问题未定、方法未定、结果未定的状态，参与者在交流、互动与实践中持续更新对问题的理解并完善应对思路。

◆ 5.2.4　乡村足球场：催化型场域实例

Phnom Cheso 是柬埔寨茶胶省的一个落后乡村。由于偏远的地理位置和有限的自然资源，这个乡村长期以来面临着贫困和健康问题的困扰。清洁水源匮乏，婴儿死亡率是全国平均水平的两倍。卫生条件恶劣，人畜混居，生活用水和生活污水混杂，传染病盛行。乡村经济条件的局限也导致了村民积极性不足，社区凝聚力非常有限。对于乡村建设的路线和方式，村民存在着各种不同的看法。长久以来的反对声音与不信任关系也给村庄的长远规划增添了阻碍。当地政府和外部援助团队一直在寻求振兴与发展的方案，但由于自然条件和共识基础的匮乏，进展一直艰难。

当国际援助组织来到这个村庄时，工作团队首先建立了社区工作小组，希望促进更广泛的社区参与。他们召开社区规划会议，调动社区成员的积极性，希望村民可以对实际方案作出贡献。在这些规划会议中，援助组织希望由当地居民主导，充分尊重每位参与者的意见，让他们自主参与治理，确立村庄自己的目标、优先事项和所需资源，最后提出方案，利用国际组织能够提供的资源来实现目标。

他们决定使用援助资金修建一个足球场，而不是最初设想的修建公路或医疗设施。村民的理由是许多年轻人经常在晚饭后聚在一起踢足球。援助工作者一开始感到困惑，他们认为村民应该首先解决村庄亟须解决的问题，例如获取干净的饮用水、建立医疗教育设施等。他们本来认为这次行动是彻底失败的，但基于组织最初对社区主导发展的承诺和宗旨，他们选择尊重当地人的观点，并支持修建足球场。

然而，这次尝试却为村庄带来了转机和惊喜。令人惊讶的是，在一段时间后的回访中，我们目睹了令人震惊的成果：大多数家庭都安装了滤水设备，有效地隔离和过滤了人畜共用的水源。此外，社区还积极挖掘地下水井，使得公共卫生和居民健康状况显著改善。与此同时，村庄的协作氛围也有了显著提升，村民之间开始合理分工、共商共量，甚至以团队合作的方式展开工作。

与建立足球场和随之发生的一系列事件毫无关联，也没有任何因果关系。那么这些变化与援助组织的工作是否有关？又是如何发生的呢？援助团队通过后续的回访发现，在建造足球场的过程中，社区内来自不同背景、具备不同技能的村民与外部援助组织的工作人员、当地政府和外聘专家密切合作，共同制订计划、利用资源、分配任务，最终实现了共同的目标，让足球场落成并投入使用。足球场建设项目的成功让参与者对这个合作过程感到非常享受，并开始相信协作的力量。项目结束后，这种模式得到了延续，村民自发成立了发展委员会，并自主选择和组织各种项目和活动。该委员会由不同参与方组成，共同探讨各种发展问题和思路，包括解决当地最核心的水资源问题。随后，他们邀请了主要从事水资源行动的非政府组织加入共创，协助村民安装滤水器、提供卫生知识培训、培养社区意识等。

在完成建设之后，球场成为村庄的共创场域。起初，足球场只是为年轻男孩们提供踢球的场地，但逐渐有更多的村民参与到每天傍晚的足球活动中来。参与的村民逐渐熟悉彼此并建立起友谊。球员们认为有必要组建村子自己的足球队，并开始参加比赛，甚至逐渐获得奖项，从而建立了当地的身份认同和荣誉感。此外，球场作为一个开放的广场，也成为村民喜闻乐见的聚集地。除了足球训练和比赛，球场还被用作村民日常散步、休闲、开会讨论村务以及举办各种社会和文化活动的场所。从情感上的联结到平等交流空间的构建，这个看似简单的物理场所实际上为村庄各个方面的发展提供了激发思想的可能性。足球场不仅承载其本身的功能价值，还逐步发展为吸纳和催化价值的共创场所，激活了村庄发展的内生动力。

可以看到，催化型场域提供了交叉思维的平台，让看似已经固化的群体之间发生新的碰撞，而这种碰撞本身就具有价值且能够产生价值。从最简单的基础设施开始，通过村民对社区建设的共同创造过程，再到建立村庄的身份认同和精神建设的基础，以及建立村务的共识基础和民众的支持，足球场仿佛在村庄中产生了某种化学作用，带来了质的变化。

5.3 学习空间：修炼关于学习的元能力

学习空间是指提供学习、交流和创造的场所，为参与者提供知识共享和创造的机会。在共创过程中，学习空间的重要性超越了固定知识的学习和掌握，而是成为培养适应复杂性和动态变化的能力的关键所在。共创过程需要参与者持续更新对问题的理解和完善应对思路，因此实现知识、认知与经验递进的学习过程至关重要。事实上，共创对参与者的学习能力提出了更高的要求。参与者学习的来源和场景更加丰富多样，不再依赖于传统的培训、讲座和文件传达，**而更多是通过与他人的信息分享、思想碰撞，以及通过行动后的反馈与反思来达成学习目的。**

可以看到，共创过程中，学习的内容、形式以及场景很大程度上是非结构化、非程式化，以及动态激发性的。因此，共创参与者培育学习的"元能力"对于学习效果至关重要。学习元能力是指一系列与学习过程相关的基本能力和技能，包括自主学习、批判性思维、问题解决、沟通与协作、创新思维等。培育元能力是培育一种"能力的能力"，而学习的元能力则是指一系列与学习过程相关的基本能力和技能，包括自主学习、批判性思维、问题解决、沟通与协作、创新思维等。

这一概念也呼应了企业战略管理领域所推崇的动态能力。动态能力指的是组织适应和响应变化环境的能力。在充满不可预知因素的环境之中，动态能力使组织能够高效地整合、构建以及重新搜寻和配置资源，进而敏捷适应内外部变化，发现新机遇并促进竞争力。在这样的情形下，学习不再仅仅是为了固定知识的学习或已有知识的掌握，而是一个充满活力和动态变革的过程。学习和能力的掌握不再是静态的，而是与环境的动态相互呼应的。这样的学习使得群体中的每个成员以及整个群体本身都能够迎接复杂性和动态变化，从而实现更好地适应和应对。

◆ 5.3.1　学习空间的内涵特征

学习空间为参与者提供丰富的资讯和知识，并在空间中促进逐步参与和互动式学习。在共创的理念中，学习不仅仅发生在交流过程中，更是通过行动中的领悟不断迭代和进化。通过多种媒介和渠道，参与者可以获取各种形式的资讯和知识。这种多元性的信息呈现扩展了学习的范围，使学习者能够从不同的角度和视野来理解问题和挑战。

应对复杂环境下的顽劣问题，往往涉及多个领域的专业内容，例如当讨论智慧城市的设计时，需要经济学、发展学、城市规划、社会学、金融学、地理、环境、科技、数字化技术等领域的知识融合。通过有效的场域，信息和知识的障碍得以打破，参与者在互动和行动的过程中共同学习，不断更新和提升信息流动和成员能力。学习空间将为参与者提供丰富多样的信息呈现方式。

共创中的学习行为具有复合特性。学习由传统的单向知识接收转变为一个从认知到行为、从社群参与到集体建构的整体循环。学习者在这个过程中不断积累认知和实践经验，并相互促进，形成螺旋上升的学习轨迹，不断突破原有的边界和限制。与传统的单层循环迭代关系不同，共创场域中的学习更具复杂性和动态性。由于共创场域中的问题存在不确定性和易变性，学习者需要将行动经验带来的反馈同时回溯到最初的认知、基本规范和价值观。以批判和验证的眼光，通过经验和知识的叠加，质疑行动的基本假设，为系统本身提供动态的可能性。在这个过程中，系统思维和学习性组织成为促进共创的有效方法，帮助学习者不断拓展思维边界。

学习空间是信息交互和迭代的平台。有效的学习空间，既是知识的载体，又是知识的创造者，提供经验创造和捕取的场域，既有认知与新积攒的经验，又可以彼此提供资源与养分，从而实现螺旋式上升的良性循环模式。

因此，构建学习空间，需要针对场所、社群、内容及生态系统等要素进行聚焦，通过促成动态的学习系统，确保知识的自由流动和参与者的实时互动。比如在共创工作坊的模式之中，不同背景参与者除了可以从组织方单向地获取资讯外，也可以从不同成员的观念和视角中学习，并在交流中实时反馈，再从反馈中学习并进行下一轮次的输出。共创中的学习既包含个体知识的积累，同时又包含组织化学习的过程。基于组织化学习，共创群体对原有的模型、规则、行为过程和知识进行维持、传播及改进。共创中学习空间的特征可体现为以下几个方面。

（1）促进交流和合作。良好的学习空间为参与者提供了相互交流和合作的机会。空间的布局和设计可以鼓励参与者之间的互动和沟通，创造出积极的合作氛围。学习空间的设施和工具也可以促进团队成员之间的协作，例如提供共享工作区、可移动的家具和合作工具等。

（2）激发创新和创造力。学习空间的氛围和环境可以激发参与者的创新思维和创造力。舒适、开放和启发性的学习环境有助于激发个体的灵感和想象力，并促使他们提出新的观点和想法。学习空间还可以提供各种资源和技术设施，如图书馆、实验室、创客空间等，以支持创新和实践。

（3）促进知识共享和学习文化。学习空间可以成为知识共享和学习文化的场所。参与者可以分享自己的专业知识和经验，互相学习和借鉴。学习空间中的资源和设施，如书籍、学习材料、数字工具等，都有助于知识的获取和共享。同时，学习空间还可以举办讲座、研讨会、工作坊等活动，促进参与者之间的学习和交流。

（4）提供支持和反馈机制。良好的学习空间应该提供支持和反馈机制，帮助参与者不断改进和发展。这可以包括导师或催化师的指导、成员的互动、学习资源的反馈等。学习空间的设施和技术还可以提供参与者在学习和共创过程中的实时反馈，帮助他们及时调整和改进。

◆ 5.3.2　行动学习、参与式学习与知识迭代

行动学习是现代学习型组织的最根本运作模式，体现了一种融合实践与反思的前沿学习方法。行动学习强调通过行动和经验来获取知识和提升能力。它与传统的理论学习和知识传授不同，更注重实际操作和实践应用，通

过实践中的探索和实际问题的解决来促进学习和成长。行动学习的核心观念是学习通过行动发生，并通过对行动的反思和调整来不断改进和提升。学习者在实践中尝试新的方法和策略，观察和评估其结果，从中汲取经验教训，并进行反思和总结。这样的循环过程使学习者能够在真实场景中不断调整和改进自己的行动，从而不断提升自己的能力和效果。

行动学习对于共创具有重要的意义。多元参与者通过实践、相互反馈和反思形成合作式的学习闭环，不断加深参与者对问题的认知与理解，并提升其应对能力和创造力，促进创新和变革的发生。

例如在笔者授课的 EMBA 课堂中，深陷房地产困境的一位学员分享到，"共创中的头脑风暴让人非常受益，同学们一起帮我打破了思维边界；所有的设想不如去行动，在行动中不断迭代项目原型，才真正有可能走出行业困境。"

在共创中的行动学习应强调以下几个方面的特征。

第一，强调学习与行动并重。这与上文提及的"干中学"理念一致，即行动与学习相互扣连、相互促进。行动学习强调通过实践和经验积累来获得知识和技能。行动学习经常会从一个没有答案的问题作为起点，并围绕挑战应对来开展学习。此类问题一般具有生成性、反身性等顽劣问题特征，参与者需要在行动中获取学习机会。行动是学习的基础，而学习的结果是要应用于行动并接受检验。

第二，行动学习的群体性。共创中的行动学习强调学习成员的多样性，多元参与者充分利用各自不同的视角与背景知识，进行多元化思想碰撞来激发集体学习的力量。共创涉及多个参与者在思想与行动上的合作。通过合作学习和知识分享，参与者能够相互学习和借鉴，共同解决问题，提升整体的共创能力。因此，成员背景的多样性、知识的多元性、互动的频繁、关系的和谐等，都将为共同学习带来更多的动力和可能性。

第三，行动学习强调批判反思过程。参与者要带着批判性的思维进行学习，通过集结不同成员在相互沟通中进行批判、思考、反馈，对众多纷杂的观点进行过滤，使行动学习的结果在真实情境下具有鲜活的运用价值。参与者应根据反思和总结的结果，进一步思考和理解问题的本质，发现问题所在，并从中学习和成长。反思与学习循环的实施使他们能够不断提高自己的共创能力，并从错误和挫折中汲取教训，进而对共创行动进行调整和改进。

他们可以尝试新的方法和策略，不断优化和提升共创效果。

与行动学习理念相一致，参与式学习理念认为知识必须和特定情境结合才能够发挥作用。当人们接触到新的素材，难免被已有的认知体系所框定，使用既有的框架来诠释来理解，这将限制变革性创新的产生。参与式学习理念主张，新知识的获得应该经由延展、重组及更新的方式，进行探索，从学习者的角度自主建构知识。参与式学习强调学习者作为积极参与者的身份，而非一般传统学习中的被动接受方。学习者的"主动涉入"是参与式学习的核心，学习焦点被放在"学习"的过程而非"教授"的环节，因为学习者在参与过程中本身也在推动和促进教学。另外，学习者应该具有积极的个体参与动机，乐于自主投入并承担责任。学习内容是真实而有意义的，可以转化到真实生活和实际情境的运用当中。参与式学习模式希望能够通过重组学习者既有的思维模式，积极发展其技能，同时对群体中已有的假设、信念与态度不断检视与验证，培养创新的勇气、判断与自信。由于理论与真实情境高度结合，参与式学习促使参与者自主思考并汲取知识，同时也通过多维度交流促进参与者共同发现新问题和新方案。

透过行动学习和参与式学习，共创中的知识与内容在学习空间中实现迭代升级。由于行动学习强调持续反思与调整，因此参与者在共创过程中将不断更新、演进和改进知识，共创的内容也在此过程中实现迭代升级。参与者将更新后的知识应用于实际问题中，并通过共同行动的反馈结果来验证其有效性和可行性，其反馈结果将进一步指导共创方案的改进。这种知识迭代过程在大卫·科尔博姆提出的体验式学习循环理论中得到深刻体现。体验式学习循环强调通过经验和反思的循环过程来促进学习和个体发展。这一循环由体验 (Experience)、观察及反省 (Observation & reflection)、总结经验 (Forming abstract concepts) 及实践应用 (Testing in new situations) 等四个阶段组成（见图 5-2）。体验式学习是一个动态的过程，通过不断地在这四个阶段之间循环迭代，个体能够深化对知识和经验的理解，提高解决问题的能力。在这个循环中，每个阶段都相互依赖，通过反馈和调整来推动学习的进展。知识迭代在共创中具有重要意义，帮助参与者适应变化、提高解决问题的能力，并推动共创团队的创新与发展。参与者通过体验、观察与反思、抽象概括和实践应用的循环，不断地共同学习、探索和创新。

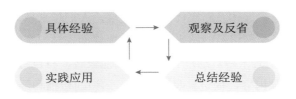

图 5-2　Kolb 体验式学习循环理论

◆ 5.3.3　互联网时代下的学习空间

随时互联网技术的快速发展，相关平台与工具为共创中的学习功能营造提供了极大的便利支撑。互联网平台和工具提供了便捷的交流和资源共享渠道，使学习者和团队成员可以跨越时空限制，实现跨地域的合作和共创。具体包括以下几个方面。

（1）协作和沟通工具。互联网平台上的协作工具（如在线文档、团队协作软件、实时聊天工具等）可以促进团队成员之间的实时交流与合作。通过这些工具，团队成员可以共享想法、讨论问题、协同编辑文档，从而促进共创和知识共享。

（2）在线学习平台。在线学习平台（如在线课程平台、学习管理系统等）提供了丰富的学习资源和学习社区，可以帮助学习者在共创的环境中获取知识和技能。学习者可以通过参与讨论、合作项目和分享经验来与其他学习者互动，共同学习和解决问题。

（3）在线合作工具。互联网平台上有各种在线合作工具（如虚拟白板、远程会议软件、在线投票工具等），可以帮助团队成员远程协作和共同工作。这些工具提供了实时的交互和协作环境，使团队成员能够共同编辑、共享和讨论内容，促进共创和集体智慧的产生。

（4）开放数据和资源。互联网提供了大量的开放数据和开源资源，可以供学习者和团队成员使用和参考。通过访问开放数据集、开源软件和在线资源库，学习者可以获取多样化的信息和工具，支持他们在共创过程中的学习和创新。

（5）虚拟现实和增强现实技术。虚拟现实和增强现实技术可以为学习者提供沉浸式和互动式的学习体验。学习者可以与虚拟环境互动，进行模拟试验、角色扮演和虚拟协作，促进行动学习和共创。

事实上，随着自媒体及新媒体的快速发展，人们越来越习惯成为内容的自发创造者。一些社交网络及网站平台开始发挥共创式学习空间的作用。像维基百科、Quora、知乎等平台，通过有意识的功能设置，将自身定位为学习平台，鼓励用户自主贡献内容，促进信息的共享、知识的传播和经验的分享。同时，通过实时的评论、反馈和评分等方式，推动观点的交流和碰撞，实现即时且持续的互动过程。维基百科的社群协作式写作以及知乎的问答模式，都是虚拟学习空间的典型代表。这些平台依靠群体的力量和自主的价值贡献，致力于探寻问题的解决方案，实现了共同创作的目标。用户可以共同编辑、修订和完善维基百科的文章，通过协作的方式共同建构知识体系。而在知乎上，用户可以提问问题并获得来自不同人群的回答，从中获得多样的观点和见解。

◆ 维基（Wiki）模式

维基（Wiki）模式通过开放的编辑模式和社群协作的方式来实现促进知识的共创。维基创始人将其定义为"一种允许一群用户通过简单的标记语言来创建和连接一组网页的社会计算系统"。维基作为一种可在网络上开放多人协同创作的超文本系统，任何网络使用者都可以在这一平台上进行内容创作和贡献。

首先，维基百科的编辑功能对所有用户开放，任何人都可以在其平台上编辑和创建文章内容。这种开放性质使得知识的贡献不再局限于专家或特定的作者，而是面向全体用户。每个人都有机会参与到知识的创作中来，不论是添加新的内容、编辑现有文章或修正错误，每个编辑都可以为维基百科的知识库作出贡献。

其次，维基百科采用了社群协作的模式。编辑们可以相互协作，共同编辑同一篇文章，进行内容的审查和改进。他们可以互相补充信息、纠正错误，并通过讨论页面进行交流和决策。这种社群协作的模式使得维基百科成为一个集体智慧的产物，融合了多个人的知识、经验和观点，形成了相对客观和全面的内容。

通过这种共创模式，维基百科不断更新和改进其内容，逐步完善知识库。用户可以通过编辑和贡献内容来参与学习和共创，同时也可以从其他人的贡献中学习和获取知识。这种开放、协作和共创的过程，促进了知识的共享和传播，为用户提供了一个丰富、多样的学习平台。

5.4 使能空间：个体创造力的唤醒与激活

　　共创强调多元主体创造力的激活与共同作用。场域中的使能，是指为充分调动各参与者的内生动力，在共同愿景下激发其在思想与行动上产生贡献的潜力，促进其领域视角与专业优势更有效地转换到共创实践之中。尽管在很多场合下被混用，"使能"和"赋能"存在概念上的差异。"赋能"强调将权力、责任和决策的权威下放给个体或团队，使其能够自主地作出决策、行动和创新。而"使能"更多地强调为某组织或个体提供必要的条件、资源、工具或环境，以便其能够实现某种目标或完成某项任务。我们认为对于创新过程，"使能"这一表述比"赋能"更为适用。"赋能"折射了主体的一种傲慢姿态，似乎别人的能力是通过你的赋予才拥有的；而"使能"则主张能力不是被他人赋予的，是自身就存在，只是需要被激发而用于特定情境。使能强调的是为他人创造条件或提供支持，激发其潜力和能力，使其能够进行特定的活动或行为。

　　在共创过程中，参与者往往面临环境的复杂性和问题的顽劣性，甚至最终目标也具有模糊性和不确定性。因此，依靠自上而下地搭建应对策略是不现实的，而是需要充分调动不同参与者的思考和行动试验。使能意味着让个体去主动作出判断并形成行动思路。通过充分调动各利益相关方的内生动力，让每个环节人员的能力都得到发挥。一方面，从主观上唤醒和激活参与者的价值认同；另一方面，从客观上使参与者具备所需的知识、信息、技能及决策力。共创中的使能过程，也就是为群策群力、集体合作开创条件的过程。通过提供有效的沟通渠道、协作工具和共享平台，使能可以促进参与者之间的互动和合作，构建积极的协同关系。参与者能够分享信息、协商意见、共同解决问题，并共同构建和完善共创成果。

◆ 5.4.1　使能的条件与过程

　　从社会心理学的角度来看，使能是一种通过学习、参与和合作等过程或机制，使个人、组织和社区能够获得并掌控与自身相关事务的力量，从而提升个人生活质量、组织功能和社会运转效能的过程。使能强调个体在建立效能感和参与感方面的重要性。例如，通过感知自己具有控制感，个体能够获得自主参与的能力，从而促进人们在共创行动中的积极性。使能的过程涉及多个层面和要素。首先，个体需要具备对自身能力和资源的认知，意识到自己具备解决问题和影响社区事务的能力。这种认知能够增强个体的自信心和主动性，使其更愿意参与社区事务，并对自身的作用和影响产生积极的期待。其次，组织和机构可以提供学习机会、培训和支持，以提升个体的技能和知识，增进对组织和机构的理解与认同，提升其参与的能力和效果。此外，群体协作也是使能的重要组成部分。通过促进个体之间的协作，形成共享的资源和信息网络，激发创新和解决问题的能力。参与者之间的互动和合作可以增强彼此的影响力，形成共同目标和共同努力，共同创造积极的变革。

在共创的语境中，使能空间的服务对象和适用语境扩展和丰富了心理学和社会学的基本定义。使能涵盖个人、团体、组织和社区等多个层次和多个面向。使能注重自下而上的改变，赋予参与者能力，并允许他们通过实践中的反思与进步来倒退变革。这个过程发生在个体和集体的背景下，需要集体性的参与，并在不同的背景下进行灵活调整。使能的实现和推进是一个长期的过程，而不是一个稳定的静止状态或追求固定的最终目标。

对于个人而言，使能的基本方式是通过学习来提升决策能力和执行能力，以获得对事务的主观控制感和客观能力的掌握。此外，使能还需要引导和培养个人的意识，使其具备运用资源的意识，具有与他人合作完成目标的意识和技巧，从而对社会环境和行动背景具有批判意识，能够有效利用资源，并形成有效的个人参与行为。

在组织层面上，使能的主要过程是创造决策机会，赋予组织进行战略性选择的权力，并在内部合理分配责任，建立共享领导模式。这样，理想的结果是整个组织能够有效争取优势资源，与其他群体建立网络连接。在具体决策中，组织能够确保话语的效力，确保成员的参与和贡献产生实际影响。

使能空间包括能力建设、个人价值的肯定、认同主体性的确立等功能，同时也涉及共创相关的技能培养，如动态能力和适应性能力。对于组织而言，松散但有序的网络结构有助于激发个体的主动性，并对使能系统的开放性和动态调试性产生积极影响。在共创过程中，使能空间支撑共同行动的良性运作和迭代趋势。一方面，需要共创网络本身的稳定性和可持续性，以确保集体共创能力的持续演化；另一方面，需要确保每个个体的决策和行动质量。

◆ 5.4.2　使能型领导力

随着环境复杂性加深，复杂领导力在组织管理中扮演着日益重要的角色。根据 Ubien（2007）提出的复杂领导力理论，领导力的概念可以分为行政型领导（Administrative leadership）、适应型领导（Adaptive leadership）及使能型领导（Enabling leadership）。

行政型领导强调发挥组织的官僚和行政职能。行政型领导拥有权力来作出组织决策，并需要考虑到组织对创造力、学习和适应性的需求。他们负责确保组织的正常运转，制定和执行规章制度，以及管理组织内部的资源和流程。行政型领导在维持组织的稳定性和达成组织目标方面发挥着重要作用。

适应型领导将领导力视为一种生成动力，用于应对紧急变革和复杂问题。适应型领导强调领导者应对不确定性和变革，引领团队适应不断变化的环境。他们能够理解和解释变革的必要性，并能够带领团队走出舒适区，接受挑战和变革，以创造新的机会和解决方案。

使能型领导的关注点在于为成员创造各种条件，使组织能够最佳地解决创造性问题和进行适应性学习。使能型领导致力于提供支持、资源和培训，激发成员的自主性和主动性，促使他们发挥潜力，并在共同努力中实现组织的目标。使能型领导关注的是激发和发展成员的能力和潜力，以及创造一种积极的工作环境和文化，鼓励团队合作和创新。

这三种领导类型可以在同一组织中形成组合与互补。行政型领导为组织提供基础和稳定，适应型领导通过应对复杂情境激发组织的创新和进步，使能型领导创造条件和环境，使成员能够充分发挥潜力。在使能空间中，领导力的作用超越于传统层级化组织架构中的职位和权威，在一种新兴的、互动的关系动态中，最大限度地激活与调度个体价值，并使成员之间产生复杂的相互作用。使能空间的聚焦对象是各个利益相关方的内生动力，目标在于充分调动各利益相关方的内生动力，激活其为复杂挑战贡献解决方案的潜力，促进不同的领域视角与专业优势能够共同转换为创新行动的动力源，通过价值的聚集及合理的分工方案，使群体的整合能力、可达成的影响力以及社会效益最大化。

共创是一个共同勘探和寻找价值的过程，所应对的问题具有开拓性和前瞻性，因此不可能进行宏观规划和整体调度。领导力的作用在于如何将个人角色嵌入系统中，释放个体的活力。使能是将每个成员的生产力和创造力纳入价值体系中的过程，领导者是任何能够使能其他参与成员、促进动态过程并得出有效结果的人，而不是指定的个人。因此，"领导者"的身份属性被视为团队成员共享的、具有实用性的生产力工具，而不是个人身份和标签。

使能空间鼓励采用跨部门协作的工作方法，在互动协作和持续沟通中解决社会问题。使能空间是集合影响力的发生场所，也是集合影响力聚集和迭代的环境。群体的发展与成长的关键之一是构建共生价值网络，让价值伙伴成员之间形成共生、共创和共享价值的网络关系，将不同的动力和创新能力同时纳入价值产出的过程中。作为一种协作式的团队行动，在共创场景中，领导力的概念从传统的自上而下、官僚制范式转变为互动型模式，团队成员之间的关系也转向非正式、非固定和复杂的系统。领导者负责进行引导，其目标是获得具有适应性和灵活性的成果。

共创中的领导者角色与传统的领导角色有所区别。即使是身居高位的个体也面临着经验和技能的有限性，同时个体的局限性会限制组织对于复杂情况的探知能力。因此，使能型领导者的核心竞争力不在于对特定知识或技能的掌握，而是应该具备纵览全局、不断反思和积极解决问题的意识与能力，并持续地从最有利于集体的视角出发考虑问题。只有这样，使能领导者才能够充分调度不同潜在价值的成员共同发挥作用，激发集体影响力。使能领导者可以通过放任型领导风格，倾听并吸纳多元意见，与每一位参与者建立深入的信任关系。以此作为起点，构建组织内普遍存在的协作关系网络，鼓励众人在创造的过程中进行探索，逐步创造条件以彰显和落实集体智慧。

使能过程中专业权威角色也将发生深刻变化。在使能过程中，专业人士扮演的角色是合作者和促进者，而不再是专家或顾问。专业人士所拥有的资源，包括技能、知识、计划和实质方案，其意义不在于其实践价值，并且也不应该直接被赋予群体内的权威性。相反，这些资源应该成为社区的资源，为人们提供启发性的思路。专业人士在具体扮演的角色以及对实际事务的介入程度都需要根据具体情况进行实时调整。

5.5 关于创缘：共创碰撞下的奇妙"惊喜"

◆ 5.5.1 创缘的内涵特征

本书所指的创缘，笔者将其对应于英文中的 Serendipity。原意多用来指代发现意料之外、预期之外及计划之外的事物。国内使用者通常将 Serendipity 译为"意外发现""机缘巧合""偶然力""幸福的意外""不期而遇的小美好"等，而笔者更倾向于将之称为"创缘"，尤其是在共创的语境下。创缘既是一种能力也是一种现象。一方面，需要以创造力作为前提，具备开创性的能力来创造"遇见"；另一方面，以偶然性作为必要条件，具有一定的"缘分"才能够使价值发生。

在科学、艺术、创造性思维以及个人生活中，创缘常常被认为是一种重要的力量。它涵盖发现新知识、获得新见解、解决问题以及产生创新的过程。通过保持开放的心态和好奇心，人们可以在不经意间发现新的连接、关联和可能性，从而拓展思维的边界和发现新的机遇。创缘强调了在探索、研究或创造过程中的主动参与和机缘巧合之间的相互作用。它提醒人们在追求特定目标的同时要保持警觉，因为往往意外的发现和经验会带来意想不到的收获和成果。创缘的含义在于引导人们发展适应性思维，培养创造力和灵活性，从而更好地应对复杂和不确定的环境。创缘是关于偶发的灵光乍现，也是将这种火花进行转化，淬炼出实质性价值的能力和过程。创缘在路径搜索中、应对解决复杂问题、进行反事实思维等价值创造的活动中尤其常见，对于价值的发现和创造也尤其重要。由于创缘具有偶然性，往往无法被预见与被计划，因为我们无法对于最终目标和成果有实际和具体的想象，而是需要在过程中以探索的方式，并抱持着尽量争取的心态，通过适当的场域设计和环境设置，创造良好的条件，允许迸发式的价值发生，收获不期而遇的美好。创缘的产生往往体现以下几个的特性。

（1）洞察力。创缘指的是能够通过观察和解读看似无关的信息，找到真正有用的东西的能力。这种能力需要有深刻的观察力和分析能力，能够看到常人看不到的关联和联系。

（2）创造力。创缘也指代创造力，即通过自由探索和试验，发现新的东西和新的方法。创造力是创缘的基础，因为它是通过探索和试验，才能获得的偶然的发现和意外的机会。

（3）开放性思维。创缘要求我们保持开放的思维，即不要过度专注于特定目标，而是要保持对周围环境的敏感度和好奇心。这样才能够捕捉到那些看似无关的信息，从中发现有用的信息和机会。

（4）偶然和幸运。最后，创缘也指代偶然和幸运。虽然这些因素是无法控制的，但它们却是创缘发生的必要条件。因为偶然和幸运的存在，才会给我们带来意想不到的机会和发现。

创缘广泛出现于创业与创新、艺术创造等情境。比如索尼创办人盛田昭夫看到自己的孩子使用大型录音机听音乐，突然灵机一动地提出了小型音乐器材的想法，并研发出了最早的随身听。这不但为公司带来了巨大的利润，同时彻底改变了人们听音乐的行为模式和习惯，对于各类电子产品的影响也一直延续到今天。1968 年，伦敦举办的电脑艺术展 Cybernetic Serendipity（控制论艺术），主旨就在于探索与展示计算机与艺术之间的偶然碰撞，比如计算机生成图形、电脑动画电影、电脑创作和播放音乐，计算机诗歌文字创作，以及用于艺术品创作的控制设施、环境控制、远程控制机器人和绘图机器等展品和概念，探索艺术与机器之间的关系，以及艺术创作中的机械性与偶然性。

创缘的发生场景，既包括科技上的发明发现，同时常见于技术管理、产品及服务开发、商业模式管理、创业等相关商业领域，也适配于各种社会问题的应对，比如人口变化、观念变化、新知识的出现、群体不协调、行业和市场变化、社会意外事件等，整体而言适合于探索性及创新性的话题。

◆ 5.5.2　创缘与共创

共创过程存在大量的思想碰撞与互相激发，创新与变革随时可能在场域之中流现。共创的内容迭代也往往是非线性、不连续的。因此创缘现象在共创过程中可能会频繁出现，其对共创的成效也至关重要。在跨领域的多元团队中，成员们可能会从不同的领域带来新的思想和知识，这些不同的想法碰撞在一起，有可能会意外地产生新的创意和方向。这种意外的创新可能会带来全新的视角和解决方案，从而提高共创的效率和创新的质量。

创缘的存在可以帮助共创者们开阔视野和拓展思路，帮助他们跳出自己的舒适区，发现新的领域和机会。在共创中，这种意外的发现可以打开新的领域和可能性，促使参与者在探索和创新的过程中走出传统思维的限制。它可以为共创团队带来新的创意和解决方案，推动项目向前发展。

创缘是跨领域合作的结晶。创缘常常跨越不同领域和学科的边界，将看似不相关的事物联系在一起。在共创过程中，这种意外发现可以促进跨学科的合作和交流，激发不同专业领域之间的创新和融合。通过共享和整合不同领域的知识和经验，参与者可以共同发展出更综合、创新的解决方案。

创缘需要共创团队具备灵活性和适应性：创缘的存在提醒共创团队要保持开放的心态和敏锐的观察力，能够接纳和利用意外的发现。这种灵活性和适应性是共创中的关键要素，因为创新和创造往往在不确定的环境中发生。共创团队需要能够灵活地调整和转变方向，以适应新的信息和情况，从而在意外发现中发掘出更多的潜在价值。

创缘的出现能增强共创体验和凝聚力：创缘可以为共创过程增添乐趣和惊喜的元素。当参与者在共创过程中遭遇意外的发现和突破时，会感受到一种共同的成就感和凝聚力。这种共同的体验可以加强团队合作和协作，促进创新文化的培养，同时也激励参与者更加积极地参与共创活动。

◆ **风马牛效应与美第奇效应**

"风马牛不相及"常被用来比喻毫不相干的事情。风马牛效应借指本身不产生关联的事物之间，在发生接触或者交错之后，走向了未期预料的结果，这样的效应脱离了因果关系分析或者线性发展模式，以前期无法预测、无法分析，只能从过程中观察其变化，从结果上反推其过程的逻辑推进。

美第奇效应则在思想、观念和文化的交汇点上爆发出灵感，当思想立足于不同领域、不同学科、不同文化的交叉点上，现有的各种概念被联系在一起，组成大量不同凡响的新想法。这一概念起源于文艺复兴时期的意大利，美第奇银行家族就曾经资助过在各学科领域中创新的人，使得多学科及多领域的交叉思维创造出惊人的成就，包括金融、艺术、哲学、政治等领域。

风马牛效应及美第奇效应都强调看似大相径庭甚至背道而驰的事物之间，背后可能存在相关或相似的逻辑，并且在发展中产生关联性，某一事物或者领域的发展可以触类旁通，带动其他领域的协同发展，共同触发惊人的成就。

与共创模式中创缘的发生非常相似，相关的效应相应描述了多元主体与多元价值的交错并迭代，不同范畴产生相契合的交叉点，并将各种现有的概念和价值进行联系，在联动的过程之后，催生新的价值。共创同样强调通过纳入不同领域的参与者，汇集不同角度和价值，共同创造新的火花。

共创的场域设置及其他条件设置，也与创缘的发生环境高度重合，比如包括成员应具备创新思维以及创造力，可以突破现有定势去进行思考的能力；从规则设定和组织风格上，可以鼓励冒险行为，建立对于风险的以及对于失败的容错能力，同时提高风险控制的配套设置。此外，就核心活动内容而言，两者的主要形式都是创新团队之间的共同创造，强调各方参与者见解的深刻交流和共享，并进行跨组别的实践和学习分享。创缘发生之后，相关的组织或利益相关方面临的重要挑战不仅在于创新思维的发展，更在于应该如何看待、如何应对，以及如何系统地利用这些新资源。而共创范式则提供这样的依托环境，包括实时的交流、开放的方案框架、循环迭代的递进模式等，都使团队行动可以随时适应及容纳创缘的发生，并在后续进行及时的跟进，确保价值的妥善运用和有效发挥。

◆ 5.5.3 创缘激发与场域营造

如前所述，创缘的含义既包括偶然的缘分，也包括事先具备创造力，分别是前置条件中创造遇见的能力，感知到所遇见的价值的能力，以及后续将巧合转化为使用价值的能力。因此，创缘并不仅仅是随机的机会，而是偶然、机会与智慧缺一不可，需要经过多重的转化，突发偶然、看见机会、转换智慧、落实成果。过往的案例研究显示，大多数成功的"创缘者"，具有"开放的、敏锐的、好奇的、直觉的、灵活的、艺术的、勤奋的"等特质。而除此之外，在共创空间中，使用创缘的方法，则需要参与者更进一步地跨越领域及参与团队互动。因此，除个人特质之外，在范式的应用与团队系统动态的调动上，也对于共创空间中的创缘者提出了更多的要求。

首先，共创者需要运用恰当的方式并掌握一定的技能，创造条件将"巧合"转化为机会，并创造"计划好的运气"。创缘的概念虽然着重于偶然性，但仍需要区分创缘与缘分或者运气。在实际工作和实践之中，需要具备一定的应对策略。创缘虽然指意外相遇，偶然性意味着计划之外的发现或相遇，常见于创新探索之中，然而这种创新带来的成果或者创新过程中出现的插曲并不完全依赖于运气，而是需要有一定的发生环境，此类环境和背景的支持，包括充足的准备和参与、积极的搜索过程、持有开放态度、允许动态空间等，皆是创缘出现的必要但不充分条件。归根结底，创缘仍是一种非线性逻辑的突发因素。

其次，智识的飞跃与突破。创缘的出现由复杂多元的成因构成，人们往往难以就其真正原因进行解析，因此也难以控制或预判其性质和影响。偶然因素出现时，实际上并不必然带来正向积极的影响，也可能最初会带来负面影响。因此，可能涉及将负面性的事故转化为正面碰撞并加以利用的过程，这种转变涉及"智识飞跃"（Intellectual leap），指当意外情况带来与预期不符、不理想的结果时，通过修改或消除时间的结果，更可掌控地对于创缘进行运用。譬如有学者认为，学术上的定性研究本质上就是对于创缘加智识飞跃的使用，通过设计来发现意料之外的事件，并将它们与现有知识框架结合起来，通过研究过程，可以从中发现和探索新的想法和知识，连接不同的点，并可能创建新的知识。

对于以创缘作为战略优势的认知能力。创缘在事件或行动中，本身具有过程和结果的双重属性，两者分别指向偶然出现的具体过程，以及将其转化为有意义的结果的能力。创缘的发生，往往依赖于与外部环境相关的稀缺、难以模仿及难以替代的资源。因此对于最终结果产生影响的创缘现象，可以成为探索和落实战略优势的宝贵资源，而如何感知创缘可能带来的正面价值，并探索创缘的使用价值，在偶然发生的事件与有意义的成果之间建立连接，则是参与者所需要面对的挑战。

另外，需要对于风险的应对、管理及变通能力。在传统的管理模式之中，意料之外的情况经常被视为具有负面性的现象，人们会惧怕承担风险及应对突发状况，并且在此后可能面对低于预期的结果。在共创的情境之中，则需要扭转这样的观念。由于涉及的参与者更多、探讨的问题更复杂、结论的开放结局更自由，共创范式本身为局面的发展留足了空间，可能收获意料之外的价值，但同时对于最终的产出的可控性也就更低。因此，要落实共创的模式，允许价值的迸发和特殊的碰撞，则需要对这样的不确定性具有更成熟的接受度及应对法。

由于价值的偶发，难以预测何时发生及是否发生，也难以被计划，而是必然发生在价值探索的过程之中，在非因果关系下发生的、迸发性的创缘现象，并非先验克制。因此需要实时进行方案调整，甚至不断推翻固有的方法、思维及原则，使组织或社群具有灵活性，可以有效地应对突发情况，包括正面及有利的情况，避免受到原有方案的桎梏，使新生事物的价值无法得到充分发挥。在重大的新机遇出现时，甚至可以围绕创缘的流现，即时制订全新的方案，以将创缘带来的价值和效益最大化。这些都需要取决于群体的应变能力和创新思维能力。

最后，事前及事后的知识体系。要将意外事件转化为积极的结果，良好的准备对于应对意外的巧合，以及实现智识的飞跃与突破都至关重要。搜索者的意识、态度和知识是做好准备的第一个重要环节。此外，群体的注意力方向也会影响人们对新事物的认知和解构能力。当个体暴露于各种外部刺激时，他们会选择性地将注意力分配到某些刺激上，而忽略其他刺激，换言之，注意力是应对复杂性的过滤器。因此，对于相关的知识积累，更可以使注意力和感知力更具有全面性，避免对于创缘事件及相关影响有所忽略。而在创缘已经发生之后，需要知识来对于事件进行理解，进行意义发现，或通过汇集不同的观点来创造意义。背景知识、专业知识，以及过往经验和智慧越丰富，越可能确定及发现其正面影响。先验知识和后续知识扩展，都对于创缘的实际价值产生直接影响。

◆ 5.5.4 创缘中的直觉性思维

创缘的激发与直觉性思维相关。直觉性思维是指通过直觉、感觉和个人经验进行思考和决策的过程。它不依赖于详尽的分析或逻辑推理，而是依靠个人的感知和直觉来快速形成判断。直觉性思维可以在有限的信息和时间下提供快速的决策，并在面对模糊或复杂情况时帮助发现新的解决方案。创缘强调的是意外和偶然的发现，而直觉性思维则突出了个人的直觉和感知。当个人运用直觉性思维时，他们可能会更加敏锐地观察和感知环境中的信号和线索，并通过直觉来作出决策或发现新的见解。因此，创缘可以被视为直觉性思维的一种结果或体现。当个人在使用直觉性思维时，他们更容易察觉意外的发现和可能性，因为他们对非传统和非线性的思维方式更加开放和敏感。直觉性思维能够帮助个人快速抓住突发奇想和非传统的解决方案，从而促进创缘的发生。

　　然而，除了直觉性思维外，共创不能摒弃客观理性的分析性思维，而是要注重两者的融合互补。正如设计思维理论强调分析性思考和直觉性思考的结合（见图5-3），创新设计往往是分析和直觉的合一，是对于过去（经验）和未来（灵感）的结合过程。

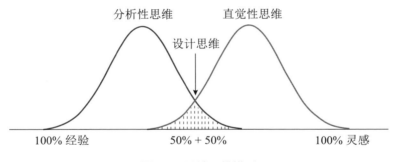

图 5-3　设计思维模型

　　共创设计强调试验与分析的重要性。直觉和灵感可以成为思考的起点，充分把握灵感的闪现、挖掘及转换器中蕴含的价值，而在后续的实践中，试验数据则可以为创缘现象的有效使用提供基础，甚至为未来复制和规范化创缘运用提供一定的参考。共创的发生，需要分析与直觉之间形成有效及可持续的循环，首先运用直觉思维从数据中获得灵感，并建立假设和行动方案，后续再使用分析思维建立验证模型，持续收集数据，再从收集的数据中产生新的灵感或验证之前的假设并产生改进。

　　共创场域中涉及的角色众多，多种不同的要素和因素之间会产生相互影响，因此完全以理性分析驱动的数据导向型行动，容易忽略或错过创缘带来的偶然机遇，而完全直觉主宰的思维，含有过高的主观性及随机性，且并不利于团队性质的行动。共创过程并非可预测的线性发展流程，整个过程具有一体化的特点，因此从思维及方式上，都需要进行实时调整和彼此介入，比如在试验中适时地暂停常规的工作或程序，通过使用创缘带来的发现、直觉、知识、逻辑及试验场景设置，来落实、开发解释新现象和新思维的涌现。

第六章

共创的过程：
从线性计划环到螺旋式的跃迁曲线

　　有效的应对方案很难通过预先分析来得出，而更可能是在持续的行动和反馈过程中生成出来的。共创需要颠覆传统的规划思路，由原型替代蓝图，由试验替代实施，由反思替代评估，由迭代替代规划，在"原型—试验—反思—迭代"的过程中实现螺旋升级。这个过程并不一定全是线性和连续递进的，也有可能出现一些非线性、跃迁式的转变。

6.1 | 共创螺旋：传统线性规划的颠覆

　　自泰勒在 20 世纪初提出科学管理理论以来，管理领域涌现出了诸多经典管理模式及方法，如车间流程管理、库存管理、全面质量管理、精益管理、六西格玛管理等，同时衍生了 ISO、GMP 等一系列标准化管理体系。[①]然而，这些方法绝大多数都是工业时代的产物，将外部环境视为常态的、稳定的、可预测的，认为问题及改进目标是可以被清晰界定，目标的实现也是可以通过分析来制订计划的。这些经典管理方法运行的底层贯序，大多都体现着 PDCA 的线性过程原则。

　　PDCA 循环由美国的戴明博士提出并推广，因此又被称为戴明环，是全面质量管理等经典管理方法所遵循的科学基础。PDCA 循环的含义是将管理分为四个阶段，即 Plan（计划）、Do（执行）、Check（检查）和 Act（处理），如图 6-1 所示。在计划（P）阶段，分析和评估现状，明确所要解决的问题或所要实现的目标，并提出与之对应的方案；在执行（D）阶段，根据计划的方案，贯彻落实计划中所设计的措施和方法；在检查（C）阶段，对照计划，测量、验证、分析和评价实施的结果，及时发现问题和总结经验；在处理（A）阶段，把成功的经验加以肯定，纳入标准。PDCA 循环被广泛采纳为质量管理的基本方法，也被很多企业作为管理各项工作的基本方法。

图 6-1　传统线性规划模式下的 PDCA 循环

---

① ISO 是一个独立的非政府国际标准制定组织，制定了多种全球性标准，用以促进国际贸易、保护消费者、推动技术创新和提高产品和服务的质量、可靠性和效率；GMP 是一套制定和执行药品和医疗器械生产的标准和规范，旨在确保产品的质量、安全性和有效性。

在四个环节的基本原则下，PDCA 循环在实践运用上可以进行发散和延展。[①] 例如在空间上的延展——"大环套小环"模式，如果将整个组织的经营活动管理看作一个大环，那么各个相关部门或各个项目的运营管理可以看作小环，大环带动小环，小环推动大环，形成一个环环相扣的整体来运行。再比如从时间上的延展——"阶梯上升"模式，PDCA 循环往复、阶段递进。每经过一次循环，下一循环之中一些问题就会得到解决，未能解决的则分析原因，并将经验融汇到下一个阶段，同时在下一阶段也设定更高的目标，在新的基础上继续 PDCA 循环。

尽管对 PDCA 循环的运用可以注重一定的空间灵活性和时间动态性，但该方法仍属于机械思维的范畴，更多的是在分析范式上叠加了迭代思想或者权变思想。

面对今天频繁呈现的复杂环境和顽劣问题，只是做得更努力或更巧妙地运用 PDCA 循环，不太可能从根本上改变应对的有效性。PDCA 循环本质上是一套中心化的、自上而下的决策逻辑。外部环境的变幻莫测，加上问题本身的生成性与反身性，使少部分拥有威权的决策者很难即时分析出一套完备方案，新的矛盾和应对情境也会随着时间推移持续衍生。由于事先的计划无从制订，PDCA 中的第一个环节 Plan（计划）就很难成立。面对这样的复杂性，学者也提出决策主体需要至少重视三个关键原则：去中心化、合作以及动态适应（Hummelbrunner 和 Jones，2013）。

共创范式建立在集体智慧的基础之上，而集体智慧往往难以通过事先计划来建立，也不太可能源自那些坚持按照既定计划来推动变革的意见领袖或领导者。相较于自上而下的指引，集体智慧是在参与者动态交互的过程中生成的，应对的思路和方案可能无法预设一个清晰的起点，而是要在行动过程中才会浮现出来的。因此，**共创过程需要颠覆传统的规划思路，由原型替代计划（或蓝图），由试验替代执行（或实施），由反思代替检查（或评估），由迭代替代处理。从 PDCA 循环转变为 PERI 的螺旋升级曲线（见图 6-2），即"P（原型，Prototyping）—E（试验，Experimenting）—R（反思，Reflecting）—I（迭代，Iterating）"。** 在复杂情境下，迭代（Iterating）并不

---

① 马皓莹. 基于 ISO 9000 质量管理体系的企业信息资源管理优化研究 [J]. 武汉大学学报（哲学社会科学版），2011，64（5）：55-60.

一定是线性的、连续的递进过程，也可能是非线性、跃迁式的转换过程，这点与经典 PDCA 循环中所指的迭代也有所不同。

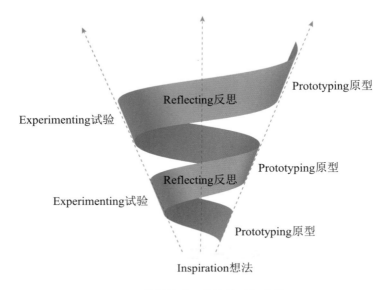

图 6-2　共创范式下的螺旋升级曲线

6.2 原型（Prototyping）：快速建立行动脚本

原型这一个概念起源于设计领域，原型的建立是为了让设计师能够以一种不同的方式思考他们的解决方案（基于有形的实物而不是抽象的想法）。这种方法包括快速的、廉价的、按比例缩小地设计初始版本，并通过判断特定要素，观察用户在反应中的一般行为和交互行为等，来揭示当前设计中可能存在的问题，是设计思维所主张的一个重要环节。正如在设计思维中，原型不同于成熟的模型或产品，在共创范式下，原型不同于 PDCA 等传统管理思维下的计划或规划方案。**原型并不是一开始就完备的行动脚本，而是多元参与方就解决方案进行思考和交流后的初步汇集成果，作为后续实践与反思的参照起点**。图 6-3a、图 6-3b 为共创工作坊中的原型创作示例。

图 6-3a　企业家们协作绘制创业原型的现场

　　资料来源：摄于 2019 年笔者授课的北大国发院（全称北京大学国家发展研究院）EMBA 课堂。EMBA 全称为 Executive Master of Business Administration，指代为高级管理人员设计的工商管理硕士学位课程。

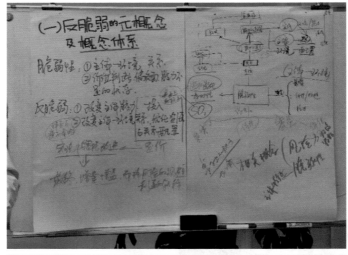

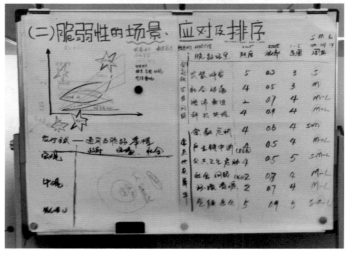

图 6-3b　原型图稿示例

资料来源：摄于 2020 年笔者组织的"反脆弱的实现"主题共创活动

　　在这一环节中，参与者在多元视域下需要共同看见问题和挑战，借助有效沟通渠道来分享有效信息、观念和专业领域的思考，并进行碰撞和启发。原型通常不需要预设标准，而是在多角度的对话或者在互动行为中产生启发。原型也不局限于某种形式，可以是像新的产品、新的组织这样的实体，也可以是像解决方案或者新的价值网络这样的虚拟体。在对原型探讨和塑形过程中，**参与者不急于对某个想法作出否定，不急于消弭不同观点之间的张**

力，**也不急于作出不成熟的妥协让步，是创造性原型的来源**。在原型的理念指引下，参与者构建具备共识性的创新和行动方案，并经历实践与反思的过程，进而又对原型进行持续更迭和升级。

◆ **"家酿计算机俱乐部"（The Homebrew Computer Club）**

1975 年，三十多位计算机业余爱好者聚在加州门洛帕克的一间车库里，交流对计算机的使用心得和未来展望，这也是后来名留青史的"家酿计算机俱乐部"的首次聚会。

"家酿计算机俱乐部"主要汇集了两类人群：一是电子工程师和计算机发烧友，他们的本职工作是电子制造业领域，对当时的计算机应用前沿十分了解，其中有几位当时已经是硬件专家和软件工程师；另外一类则是反主流文化的政治活动者，他们是一些松散兴趣小组和社区组织的代表委员，并不擅长直接对计算机上手操作，但具有协作式、去中心化的职业习惯。他们在制度、文化和专业背景上具有明显差异，也使得他们在当时对待计算机技术的态度和实践习惯也截然不同。

这个俱乐部属于非正式、临时性的聚会，参与者最初并未设想要通过聚在一起来做出什么伟大的事业，但在一系列化学反应下，碰撞出了一些他们完全没有预想到、对后来计算机产业进行产生了重大影响的创新原型。

例如在俱乐部里出现了最早一批的 Hacker 文化，即热衷计算机技术且水平高超的人在计算机上以一种去中心化的方式来实现信息分享、工作协同。Hacker 文化在后来也很大程度促进了互联网的蓬勃发展。

此外，另外一个更被我们熟知的原型是关于著名的苹果公司，苹果公司的创始人斯蒂夫·盖瑞·沃兹尼亚克和史蒂夫·乔布斯都是俱乐部的成员。沃兹尼亚克在首次聚会的启发下，当晚就回家画了 Apple Ⅰ（当时还没有命名为 Apple）计算机的设计草图。

◆ **6.2.1　跨界情境下的微观互动**

共创范式下原型的产生，不但需要汇集跨界的参与者，还需要这些微观主体在具体情境下进行有效互动（Situated microinteractions）。原型的生成需要多元碰撞，不同参与者的专业领域、认知结构和思考角度存在差异，导致在探讨同一个问题的过程中会显现出角度和语境上的差异。跨界情境下的微观互动是在多元主体实现共同看见，进而对问题和挑战形成协同思考与行动的前提。

这种互动可以被理解为一种多元的、情境聚焦的、意义构建的过程（Furnari，2014）。在互动过程中，个体和组织需要聆听和关注其他参与者，察觉（哪怕是潜意识里）不同制度秩序下的文化、规范、惯习以及语汇的差异，并将其中的多元性和相互关联融入到思考和决策当中。在跨界的情境下，原型往往是不同参与者围绕某一共同目标，通过有效互动来将自不同领域的多元要素进行拼凑或重组的结果。

跨界的本质是跨越不同的制度领域。近年来在学术领域蓬勃兴起的制度逻辑理论视角，就重点关注了跨制度领域下的微观互动过程，而非像传统制度理论视角那样主要从宏观层面对社会现象和组织进行解释。跨制度领域的网络结构是形成创新的重要驱动因素，处于不同领域边界附近的主体可以桥接多元要素，因此更容易形成创新。在这样的宏观结构下，微观主体通过集体搜寻和相互启发，碰撞出构建原型的灵感。然而，在不同的制度逻辑下，组织或个体的注意力、价值导向、认知规范有所差异，因此多元主体在互动过程中常常面临着表达以及行为惯例上的冲突张力，进而出现争论、甚至"牛头不对马嘴"的情况。

比如笔者了解到某大型企业的企业基金会，在与另一家公益机构开展社会影响力项目的合作过程中就明显体现出了这种张力。尽管双方拥有一致的使命和初心，并且在资源、能力上都具有高度的互补性，但由于对工作流程和任务交接规范的沟通过程中出现了分歧，双方的沟通与合作一度陷入滞停，导致项目推进受到显著影响。究其深层原因，尽管企业基金会与公益机构一样，在法理意义上属于非营利性组织，但由于其带有明显的商业基因，在运作过程会不自觉地秉持商业领域的"游戏规则"，强调流程和交接活动的效率，并关注项目的战略价值。而公益机构则是完全的使命驱动，更注重项目运作的纯粹性，在商业"游戏规则"下可能会出现不适应的情况。因此，有效应对多元主体在微观互动过程可能出现的争议、阻滞，甚至冲突等，对于原型的生成至关重要。

跨界情境下的微观互动涉及多对多的、带有反馈性的复杂交互形式，需要借助有效沟通渠道来交流想法、有效信息和个体技术。协同的创新创造活动需要吸收合并各个参与者质量不等的贡献和多样性观点。随着交互内容深度和广度的不断加强，可能会涌现出形式多样、种类各异的引导性意见，也可能会出现众多对创新方向和方案产生重要影响的意见领袖。每个异质性知识、资源要素和现存信息并非单纯静态累加，而是涉及庞杂的聚合融汇和实时演化过程（刘颖、胡珑瑛和王钢，2017）

◆ 6.2.2　创新的流现

生成原型的过程中，很难预设原型的标准，创新的想法与行动也是难以被提前预期的。因此，原型的生成无法通过规划或计划来实现，而是在具体情境下的互动过程中流现出来的。流现（Emergence）原本是对复杂系统的一个特征描述，指系统中的结构、模式以及性质等会动态地，并且以一种难以提前被预料的方式呈现出来（Goldstein，1999）。在共创范式下，创新的流现是在特定情境下，由多元主体的互动所激发出来的。原型的生成过程不预设标准，但也不能过度发散，需要让讨论和互动在某一主题边界下进行。

一方面，由于参与者的专业领域、认知结构和思考角度上存在差异，互动过程中可能会显现出一些张力，甚至使得沟通滞停。但另一方面，很多伟大的创新思想往往也是紧随这样的张力和滞停而迸发出来的，比如"aha"时刻的到来，让我们"突然对之前并不明朗的某个局面产生深入的认识"。在这样的时刻到来前，参与者需要有足够的耐心来包容多样性带来的张力，鼓励畅所欲言，在互动的环境中不断学习和适应。正如彼得·圣吉所说，"有时候我们必须慢慢来，才能快速前进（to go slow to go fast）"。图 6-4 为共创工作坊中的一些创新想法流现过程。

恰当的交流结构能够促进创新流现和原型生成。相对于行政化的、自上而下的沟通与协作方式，多元参与主体在一个开放式的、去中心化的结构中，更能够在感同身受的对话中形成联结，激发创新想法的生成与碰撞（Uhl-Bien 等，2007；Boal 和 Schlultz，2007；Desai，2010）。彼得·圣吉在《第五项修炼》中提到，有效的沟通与学习的关键在于人们能否"悬挂"自己的假设与前提。而能否真正做到"悬挂"，取决于我们能否放下自我、打开身心。这也类似于奥托·夏莫在其代表性著作《U 型理论》所说的"开放的

图 6-4　通过头脑风暴促进创新的流现

资料来源：摄于 2020 年笔者组织的"科技赋能可持续发展金融"共创活动

思维"以达至"暂悬"判断、"开放的心灵"以达至"转向"镜头反观自我。彼得和奥托的理论与中国古代《大学》中的智慧有着异曲同工之妙，正如"知止而后有定，定而后能静"。

在"佳酿计算机俱乐部"中，就是通过计算机发烧友和政治活动者这两大类型群体之间持续有效的微观互动，逐渐浮现出对未来计算机产业革命影响重大的创新原型。比如，在强调专业自主性以及对技术前沿的追求下，那些工程师和发烧友的职业习惯是单打独斗，绝大部分工作时间都是面对计算机，主张亲自动手（Hands-on），将计算机视作活跃的互动工具。而另一部分政治活动家，其所在的制度领域强调民主参与并推崇社群理念，他们的职业特点是协作式、去中心化的工作惯例，对计算机往往是能不上手尽量不上手（Hands-off），将计算机视作为了某种社会或政治目的而被动使用的工具。"自由分享"和"上手操作"分别作为政治活动者和计算机发烧友这两类群体各自的原有惯习，但对于另外一方恰恰是不习惯，甚至别扭的。而俱乐部将他们"混合"再一起，基于一些互动仪式和催化引导，融合形成了新的想法和行为惯例，比如成员之间免费分享软件和硬件资源，对中断设备的即兴演示和交流协作，主动上手、去中心化的操作方式等。19 世纪 70 年代，无论是计算机还是大型机器，普通老百姓都难以接触到，只有少部分企业和政府机构在使用，且费用昂贵。俱乐部浮现出来的这些原型符号，在那个年代是绝对陌生和前沿的。

6.3 试验（Experimenting）：多元主体的协同探寻

在原型的指引下，各参与方进行资源交互并协同地开展行动，将原型中的理念转化为实践。在充满不确定性的环境中，事态的呈现往往是无法被精确预知的，再加上问题不断生成和持续衍生的顽劣属性，参与者需要透过多重模拟和试验的方法，让解决方案顺应不断变化的环境而呈现出来。

原型和传统管理思维中的规划方案不同，原型并不是为每个行动者提供一个按部就班的具体脚本，让他们根据统一的脚本去执行，而更多是引导性的、准则性的。在原型的指引下，行动者往往有一定程度的自由裁量权（Discretion），针对具有差异性的且动态变化的环境来对试验的具体落实进行自主调整。

此外，这里的试验更多是指集体试验（Collective Experiment），与独立的试验活动不同，在集体试验的过程中，看见并关注其他人的行动非常重要。通过关注其他参与者的行动，能够看见来自不同制度领域的参与者在共同活动中的理念、规范以及行为方式的多元性。通过观察和思考这些活动的多元性和相互关联，可以精练自身的行动来改善协同效果，也能够根据需要对不断变化的情境和问题进行重新界定，来提升试验的效率（Hargadon 和 Bechky，2006），并在此过程中注重信息和资源的共享，以及行动的协同与合作。

◆ 6.3.1 协同的试验行动

应对复杂环境下的顽劣问题，单个行动者只能顾及局部方面，其试验行动往往是不充分、不全面的。正如大规模的社会变革来源于更好的跨领域协作，而不是某个组织或个体的单独行动。在共创范式下，不同层级、专业背景以及来自不同地域的行动者根据原型协同地开展试验，在此过程中形成资源要素和行为的交互响应，往往具有高度合作性、不同地域性、资源共享、相互促进等特征（高小芹和刘国新，2009）

协同试验行动可以是同步实施的，也可以是分布式实施的。同步实施即多个行动者协同地尝试某一新的想法，围绕某一共同活动进行试错，并在此过程中注重信息和资源的共享，以及行动的协同与合作。而分布式实施是指行动者利用同一个原型的启发，通过一定的适应性调整来探索应用到各自专业领域的可能性，进而形成创新实践。对于分布式的试验模式，不同参与者将原型放到各种领域当中进行试验，可能会涉及转译、嫁接或重组等过程。

在共创情境下生成的创新原型带有混合属性，融合了来自不同制度领域的元素，使得原型本身可能与某一特定制度领域下的已经被社会化的实践有所不同，直接地套用可能会形成一定张力，导致在落实过程中遭遇阻力等"不适应"情况的发生。因此，参与者在各自制度领域中开展试验，需要经历适应的过程，即对原型进行转译、运用以及适当变通，使试验方案更有效地契合实际，获得领域内其他成员的认同（Boxenbaum 和 Battilana，2005；Czarniawska 和 Sevon，1996；Sahlin 和 Wedlin，2008）。

试验行动考验行动者的即兴发挥能力。即兴发挥（Improvisation）是组织或个体在面临非预期的外部环境条件下，协同其他相关主体，迅速反应，创造性地解决所面临的困难或把握稍纵即逝机会的行为（Acs 等，2017）。即兴发挥是基于情境适应性的自发性和创造性的过程。尤其是面对高度复杂、快速变化的环境，即兴能力使得组织和个体能够快速响应，整合共创网络中的信息、思考与实物资源，进而形成有效创新。

在试验过程中多元主体的行动可以互相促进。共创范式下，试验效果取决于多元参与者的共同努力，但它并不要求所有参与者做同样的事情，而是鼓励每个参与者开展自己擅长的特定活动，并支持和协调其他人的行动。此外，参与者之间可以交换行动过程所反馈的信息，形成相互启发和借鉴，保障行动之间的互相促进和协同。

◆ 6.3.2　在地适应性原则

在基于原型的试验过程中，行动者需注重秉持在地适应性原则（Place-based Approach），对环境的异质性和动态变化进行敏捷反应，将试验放到特定的情境当中，开展与在地情境相恰的具体行动。规划思维下，行动者的试验往往是按部就班、上令下达的，按照指定的脚本进行尝试后再进行总结。而在地适应性强调参与试验的相关方不仅需要准确理解原型的理念与实践原则，还要结合当下环境以及当地的实际条件对其进行转译、运用以及适当变通，因地制宜地部署试验行动。这种试验行动扎根于情境现实，培养具有适应能力的主体和社群，让问题的解决方案从地上"长出来"而非直接给出。

　　例如对于复杂的治理问题，需要政策制定部门、政策贯彻和执行主体的协同努力。不同部门、不同地方政府所面临的政策实施条件各异，政策实施的外部环境也会不断变化。因此，有效治理往往不是一蹴而就的，需要经历适应的过程。政策原型中抽象的目标、原则或规范等，被转译为具有可操作性、能被运用到各类情境中的细则方案（Dokko 和 Gaba，2012；Gondo 和 Amis，2013），同时根据落实的试验效果，再反过来调试顶层的政策。基于对中国近年来治理经验的深入观察和分析，密歇根大学安娜堡分校的洪源远教授提出了"引导创变"（Directed improvisation）的概念，即贯彻政策的具有一定程度的灵活调整空间。在这某些设定的参数之内，不同情境下的政策贯彻者创变出许多办法，去解决本地特有的、不断变化的问题，并通过实践的启发来对政策参数进行适应性调整。这一概念也很好地阐释了我国在某些领域如何通过试点实验、再进行提炼和示范的方法，达到了非常有效的治理效果。一个典型的例子就是我国的扶贫实践。

6.4 反思（Reflecting）：行动与思想的互反馈回路

　　共创需要在行动与反思之间形成不断地平衡和调试。反思与 PDCA 循环中的检查不同，检查是对照某一预设好的标准，通过测量、验证、分析和评价等过程来发现问题和总结经验。在当下的剧变时代中应对顽劣问题，外部的环境系统是不断变化的，问题是具有模糊性和生成性的，因此很难有一个绝对的标准来对实践进行检查和评估。共创活动中的参与主体需要对环境系统、问题以及应对方式进行持续反思和学习。同时共创范式下的反思也是集体反思的过程，需注重反思内容的交流、共享和互相影响，促进更有效的群策群力。

　　上一阶段的试验行动可以对参与主体的认知形成重要的反馈回路。基于对实践效果的观察和评估，各参与主体重新审视"环境系统—问题"所涉及的要素关联和因果规律，在此过程中新的信息、知识和经验持续生成，并在多元主体之间形成交流与互动。此外，应对行动的阶段性推进，也可能会使得某个或多个参与主体改变对问题的认知和构建，或者发现新的问题。图 6-5 为共创工作坊中的反思过程示例。

图 6-5　针对上一阶段原型进行共同反思

资料来源：摄于 2020 年笔者组织的"科技赋能可持续金融"共创活动

◆ 6.4.1　反思式评估

　　相较于传统的检查与评估活动，共创范式下的反思式评估（Reflective Evaluation）涵盖更多的层面与环节。除了对行动过程与效果的评估外，还包括对愿景和目标的反思、对环境系统和问题的反思、对个体参与角色以及个体间互动与协作关系的反思。反思式评估需要共创参与主体对个人的目标和集体的目标进行重新表达与描述，并与最初愿景进行对比，同时展开集体讨论。在此过程中，参与主体对问题与可行的解决路径进行重新审视，不同主体也会对自身在共创活动中的参与角色重新定位。通过反思式评估，共创社群从原型和共创经验中提取那些更有价值的、创新的想法和应对方法，并在集体层面中形成凝结与共享。

在复杂情境下，环境系统的发展与演化是一系列线性与非线性因果关系作用的结果，多元的系统要素相互影响，各种反馈回路相互作用。应对复杂环境系统中的顽劣问题，无法完全依赖于已知信息和已经具备的专业技能，哪怕是集体共享后的信息和协同部署过的技能，事态的演化往往也与我们基于经验而设想出来的模型不同。在行动过程中持续地反思，并在集体层面对反思成果进行共享，可以帮助我们不断强化对复杂系统中各类因果链及反馈链的认知。正如复杂适应系统理论强调，行动者适应复杂系统的能力主要体现其在行动过程中的反思方面。反思是持续塑造行动者与系统之间的互动关系、进而增强行动的适应性和逐渐逼近预期效果的重要基础。

◆ 6.4.2　干中思

Thinking by doing，或称为"干中思""干中学"，是一种在解决问题的同时促使组织或个体得到发展甚至变革的过程。首先，参与者基于没有明确答案的问题展开活动，以解决问题为目标而进行多种试验行动。其次，参与的想法、知识、经历会在集体试验的层面得以发酵并重新审视，通过共创社群之中分享、质疑、反思、归纳、反馈等过程，实现个体思考的整合与补充，达到群策群力。最后，基于集体反思的结果，并结合可能已经发生了变化的情境和问题，对共创原型的理念、模式，以及开展试验的行动准则等，进行动态调试。

干中思是迭代的重要前提，在构造原型和试验行动的过程中注重反思和学习，来防止某些重要的内容被疏漏，同时激发新的想法，作为新起点的形成基础（Boland 和 Collopy，2004；Lockwood，2009）。

6.5 迭代（Iterating）：迈向成功的螺旋式跃迁

共创需要在多元创新、试验与反思的基础上，进一步整合迭代思维，不断完善对问题的解决方案。基于上一阶段的实践评估与反思，主体对问题进行再厘定，同时结合外部环境的变化，共同构建新的应对方案。此外，共创的参与成员，即共创社群，也可能发生更迭。参与成员在思维碰撞、行动与反思的过程中，对问题本身有了新的认知，或自身诉求发生变化，可能选择退出共创过程；在共创愿景或新方案的现实需要下，也有新的成员被持续纳入。

PDCA 循环等经典管理方法在发展过程中也体现了一定程度的迭代思维，但其更多是在清晰的目标或标准下，通过评估和总结而形成的线性、连续的改进过程。而在共创范式下，阶段间的转换并不一定遵循线性和连续的模式。共创涉及多元主体在复杂情境下的交互式创新与创造活动，事态的演化受到多层级、多维度的互动与反馈影响。环境系统的无常变化、新问题的衍生与问题的重新厘定，以及伴随新成员加入所形成的异质性信息与要素的融汇，叠加形成了共创过程的动态复杂性，使得从一个阶段迭代到另一个阶段呈现出非线性和不连续的跃迁特性。

◆ 6.5.1　内容的迭代

针对复杂环境系统下的顽劣问题，共创范式下的应对思路和方案随着阶段变化而变化。基于对原型和试验结果的集体反思，共创主体对环境系统和问题形成新的认知与界定，并将应对思路和方案进行改进或重新设计，形成新一轮的共创原型。

在新阶段中，前序阶段的试验行动可能会暴露出问题新的方面，或衍生出新的问题，使得应对思路和方案需要做相应调整。一些共创的参与主体在认知、视角和价值偏好上也可能发生了变化，进而对新一轮的原型构建产生影响。此外，共创活动所嵌入的环境系统在不同阶段也可能发生了变化，这种变化体现在活动所涉及的系统要素以及要素与要素之间的互动与互赖关系上。因此，共创内容的迭代是环境系统、问题与应对方案之间共同演化的结果。图 6-6 为可持续金融主题下系列共创活动的原型与迭代示例。

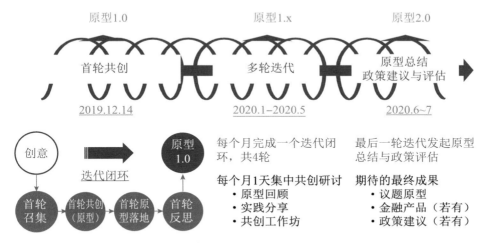

图 6-6 原型与迭代示例

资料来源：2020 年笔者组织参与的"可持续金融价值评估体系创新"共创活动方案

◆ 6.5.2 社群的迭代

共创的参与主体并非单一的组织或个体，而是多元主体所形成的社群。不同制度领域的组织或个体在共同愿景的纽带作用下加入共创社群。伴随着共创过程中产生思维碰撞、试验行动与反思，社群成员的认知和参与意愿可能会发生变化。共创社群迭代的微观基础是个体成员在兴趣圈、工作圈和共创圈中切换。社群成员对愿景的认知变化，或自身诉求和兴趣的变化，抑或其工作和生活状态的改变，都可能成为其退出共创过程的因素。

此外，由于愿景的共享性与开放性，会持续有新成员被吸引到共创活动当中。伴随着共创内容的更新，在已有社群之外吸纳某些掌握关键信息或关键资源的成员加入，也是促进共创效果的现实需要。共创社群的召集者和运维者可以根据共创活动推进的阶段性需求，引导社群成员的退出和加入。

　　共创是持续演化的过程。从 T0 阶段到 T1 阶段，再到其他后续阶段，共创社群及对应的内容持续发生迭代，进而不断逼近愿景的实现。营造有效的场域对共创的过程实现与迭代至关重要。场域通过发挥催化、使能与学习功能，促进共创社群的汇聚、共创内容的激发，同时保障迭代过程中创新势能的延续（见图 6-7）。相较于传统的分析范式、权变范式和迭代范式，在共创范式下，创新想法、行动以及行动者在不同阶段之间的势能延续更具挑战。共创的发生需要跨界，与工作圈中已经被制度化的活动不同，共创活动往往更具有非正式性和临时性。多元参与者基于共同愿景、兴趣或诉求而走在一起，推动共创活动。在这种情境下，一方面，参与者更愿意跳出自己在原本工作中的惯习思维来探讨新的想法；另一方面，正是因为这样的非正式和临时性，使得在共创讨论中所迸发出的"火花"，很难持续地保留下来。因此，在共创的阶段转换过程，需要注重创新想法和社群能量的延续。

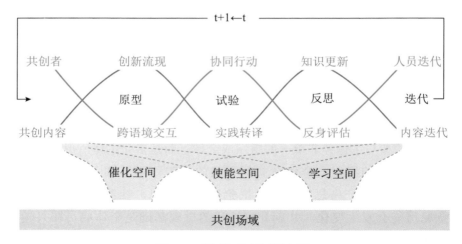

图 6-7　场域与共创过程实现

第七章

共创工具包：
日常技巧与运用

在共创相关活动中，恰当地运用一些工具可以帮助加速共创的过程或催化出更好的共创结果，如欣赏式探寻、圆圈分享、世界咖啡、3D 建模等。

7.1 共创工作坊

　　共创工作坊是共创范式最基本的工具之一。共创工作坊指由多个参与者共同参与的一种探索和创新方法，旨在通过协作和互动来创建和实现创新想法、理解问题和提供解决方案。共创工作坊可视为一种场域构建的载体，一般通过具有灵活性及互动性的组织安排，让多元主体围绕某一议题共同参与和互动，并进行资讯分享、意见交换及分组活动等。

　　不同于传统的组织培训或学习活动，**国内外越来越多的企业、社会机构开始采纳共创工作坊的形式来培育组织文化、制定组织战略以及促进产品创新**。例如谷歌、苹果以及乐高等知名企业的设计团队使用共创工作坊来开发新产品和改进用户体验。他们常常邀请广泛的用户群体来参加共创工作坊，以了解用户如何使用企业的产品，从而改进产品设计。

　　共创工作坊通常由一组具有不同背景和技能的人组成，例如业务专家、设计师、技术人员、客户代表等，这些人都可以为共创工作坊带来不同的思维方式和知识。在共创工作坊中，参与者会聚集在一起，以一种系统化的方式，使用各种工具和技术来探索问题、制订解决方案并评估这些方案的可行性。这种过程中，所有参与者都能够参与到决策制定和问题解决的过程中，共同创造新的解决方案。在共创工作坊中，参与者通过信息分享、问题解构、想法阐述与汇报等基础形式，进行观点交互与智识共享。此外，工作坊一般还包括一系列概念生成与原型测试的过程，形式包括参与访谈、头脑风暴、交互讨论等，以产生更多思维上的交融和碰撞。

　　共创工作坊的优点在于，它为参与者提供了一个开放的环境，促进了协作和互动，从而产生更广泛的想法和解决方案。此外，这种方法还能帮助团队更快地找到问题的解决方案，并增强他们的创造力和创新能力。共创工作坊是一种有效的共创工具，被广泛应用于创新、设计、开发和问题解决领域。由此看到，共创工作坊可以主要发挥两类作用：作为交流与交换的平台，让参与者分享已有的个人观点、观察、想法与建议；支持验证与迭代的过程，工作坊对于个别参与者的观点、整体方案的确立，以及对于工作坊的讨论过程和方法论本身而言，都是不断进行分析、解构、验证的过程。

　　对于参与者而言，共创工作坊可以大致分出四个阶段的目标，包括理解、定义、构思及决策，分别对应共创过程的不同阶段。

（1）共同看见（Understand）。通过对于工作坊建立共同的理解，取得初步共识，建立后续的讨论基础，划定工作坊话题的空间和便捷。

（2）定义问题（Define）。对于工作坊中应该聚焦的待解决问题进行定义与解析，扩展共识基础，界定问题所在，并对于问题的解决奠定初期的共同展望。

（3）脑力激荡（Ideation）。围绕议题设置，以头脑风暴和交流交互等形式展开构思，从讨论推进的过程中进行观点碰撞与迭代，寻求新的思想或方案迸发。

（4）决策评估与迭代（Decide）。不断从工作坊进行的过程中汲取新信息和新观点，以收集到的智识作出判断和决策，同时不断以新的结论产出，反推问题的改进、议程设置的调整、预期的变化、方法论的改善，以及方案的完善等。

此外，工作坊的结果产出形式并无固定限制，并不一定需要输出完整的方案或成果。共创工作坊本身并不必然是寻找答案的工具，而是从过程中发现与创造价值，展开不同的路径，寻找与探索可能性。因此，对新问题或新挑战的界定、个体能力的培养和提升、对机构或单位的建设以及对其他视角的认识和发掘等，都是共创工作坊的成果与意义。共创工作坊一般以分享环节作结，参与者以平等对话的形式，对于已有共识进行分享，争取在愿景、使命、理念与价值观方面，为未来应对挑战与创造价值提供动力和方向。

◆ 7.1.1 共创工作坊的场景与设定

共创工作坊适用于创新、复杂和前沿的话题，并鼓励多元背景的参与。它能够打破领域和角色壁垒，避免科层制和利益冲突对共创效果和真实性的影响。不同参与者带来不同的目的和角度，贡献个人输出后，也带走不同的观点和价值，并将这些智慧与信息应用到各自的岗位和范畴中，放大其正面影响。

共创工作坊的设定需要确立共同的整体愿景与目标，或选择共同需要解决的问题。这类设定应具有宏观性与前瞻性，允许各方在实际过程中自由发挥，不局限于方案细节或特定问题。目标的设置只需要划定基本框架，助力有效讨论，不对内容作过多规定和预期。共创的问题本身具有复杂性，设计者不应拘泥于事先设定好的产出目标，而是在讨论过程中寻找并确立建立价值。工作坊强调激发每位参与者的创意与能力，在共同寻找问题方向的过程中，共同描绘可能达成共识的愿景，逐步确立目标达成的路线图，并释放个体新能量，共同努力实现相关共识。

　　共创工作坊需要在前期准备中设定角色、场景、功能和需求。对参与者的前提要求不应该包含具体的观点、知识和角度，但可以有一些原则性的要求，比如参与者必须从根本上理解并认同议题的必要性，才能在工作坊中投入并参与价值共创；参与者应对议题有一定的个人想法，并愿意表达和沟通自己的观点，乐于贡献共同商定的解决方案；参与者应持开放态度，准备倾听和接纳不同的观点和声音。

　　在议题设置和发布上，可以使用举例的方式，以延展性的思维模式向参与者交代活动目的、厘清问题焦点、划定讨论框架，避免设限，抑制新想法和开拓新领域的可能。可以先确立问题的核心，以关键词作为"源点"，鼓励参与者围绕该起点进行头脑风暴，各自带出自身的关注角度，为话题绘制导图，并便于引导者了解每个人的意见和立场，如有明显偏离方向的情况，可作出建议和引导，确保共创过程的大致方向。图 7-1 为共创工作坊的部分设置示例。

图 7-1　共创工作坊中的设置：圆圈、白板、投屏与 Check-in（报到）标识

资料来源：摄于 2020 年笔者团队组织的"科技赋能可持续发展金融"共创工作坊活动

在角色分工上，工作坊设置要求参与角色多元明确，设计者在前期要充分考虑参与者的实际情况，包括适当控制人数和掌握参与者在意愿、能力和角度方面的情况，以确保流程的节奏和安排有合理预期。对于涉及特定知识和背景的议题，需充分考虑参与者的专业程度和层次，在工作坊前期或预备讨论中提供背景知识的培训，避免过度技术性的话题，确保不同参与者具有基本平等的相关度和发言权。

共创工作坊的重中之重是提供平等的对话空间，设计者和组织者必须从各方面的设置上确保公平和自由的氛围。例如，座次的设计应注意设置圆圈和不区分主次位置，在共创过程中避免主持人对内容的干预，避免引导者过度扮演指导的角色，规避一切假设和预设，为发言和反馈留出足够时间，并确保弱势群体在和谐的氛围中拥有发言权。这些举措有助于确保平等和开放的对话，促进个体价值的充分重视和发掘，允许每位参与者在和谐的氛围中共同参与和创新。

◆ 7.1.2 "视觉记录"与共同看见

一些有效的可视化工具可以促进讨论，对讨论成果进行有效的记录和转化。最简单的方式主要是由参与者在讨论的过程中进行涂鸦记录（见图7-2），鼓励每个人都可以在桌上的画纸或者桌布上自由呈现想法。也可

图 7-2　共创工作坊中参与者进行涂鸦记录（摄于北大国发院）

以使用艺术走廊的范式，由各小组将成果或记录张贴在墙上。或由参与者自由地以纸条或涂鸦的形式，比如将想法通过便利贴张贴出来，供其他参与者观看和评论，进一步提供话题素材与激发交互思考。其他可行形式也包括通过成员共同进行 3D 建模，以立体化的方式呈现构想，为新成员提供可以观察的具象。

聘请专业人员进行**"视觉记录"**（Visual Recording）来可视化群体讨论的思维过程是当下国际正在流行的一种前沿方式。在共创工作坊中，"视觉记录"是一种通过图像和图表来捕捉和呈现会议或讨论内容的方法。它是一种视觉表达和记录的方式，通过图画、符号、图标、图表和文字等元素，将复杂的概念和信息转化为可视化的形式。视觉记录有助于在共创场域中引导从个人的看见、内在的觉察转向共创群体的共同看见，激发群体的对话和共识，形成群体意识，强化团队的洞见，促进创缘的发生。

视觉记录的目的是帮助参与者更好地理解和回顾会议过程和讨论内容。通过绘制图像和图表，视觉记录者可以捕捉关键的观点、主题、问题和决策，并将其以可视化的方式展示出来。这种可视化的呈现方式使得信息更加直观和易于理解，激发参与者的思考和创造力。图 7-3a、图 7-3b、图 7-3c 为不同共创工作坊中的视觉记录示例。

视觉记录在共创工作坊中具有多重作用。首先，它提供了一个共同的参考框架，帮助参与者对讨论和共创过程有清晰的共识。通过视觉记录，参与者可以看到他们的观点和贡献被记录下来，并与其他人的意见进行对比和连接。

图 7-3a　视觉记录示例

资料来源：摄于 2023 年笔者团队组织的"城乡生态共同体建设"共创工作坊活动

图 7-3b　视觉记录示例

资料来源：摄于 2023 年笔者团队组织的"乡村振兴·村长工作坊"活动

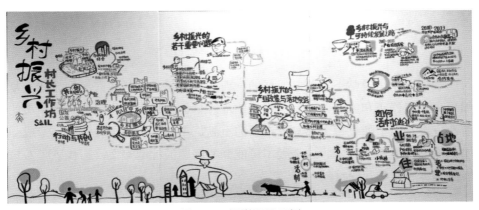

图 7-3c　视觉记录示例

资料来源：摄于 2022 年笔者团队组织的"乡村振兴·村长工作坊"活动

其次，视觉记录促进了参与者之间的交流与合作。视觉记录者通常会在会议期间进行实时记录，通过观察和倾听，他们将参与者的观点和讨论内容转化为图像和图表。这样的实时记录可以鼓励参与者更积极地参与讨论，并促进团队之间的合作和共创。

此外，视觉记录也有助于信息的回顾和总结。在共创工作坊结束后，参与者可以回顾视觉记录的图像和图表，复习和巩固他们的理解。这种视觉化的回顾方式更加生动和有趣，能够更好地激发记忆和回忆起讨论的内容。

◆ 7.1.3　共创工作坊的运作过程

共创工作坊流程与共创范式过程的整体逻辑是一致的，并不主张按部就班的计划性流程，而是强调碰撞、反思和动态迭代。因此，共创工作坊可以是在同一主题下的多轮次活动，可以参照"调研—构思及设计—原型—试验及迭代—反思"的过程循环来不断促进共创讨论的效果（见图7-4）。

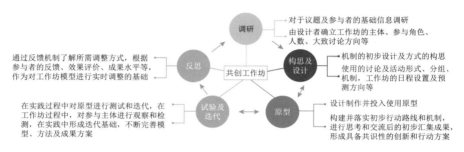

图 7-4　共创工作坊运作的过程要素

共创工作坊通常不是单向发展的，而是在构思计划和实践原型之间反复循环来实现修正和完善。共创工作坊的最终目标也并不一定是要找到完美的解决方案，而是通过每个参与者不断的贡献，不断完善和调整方案，形成一个共同创建的最终版本。这个版本可能并非问题的标准答案，但代表了参与者的集体智慧和共同贡献。

在工作坊中，参与者可以通过多次迭代和反馈来不断改进和完善他们的想法和解决方案。他们可以共同讨论和评估不同的选项，分享各自的观点和经验，从而丰富和深化整个共创过程。工作坊提供了一个创造性和开放性的空间，鼓励参与者提出创新和有冒险性的想法，并充分发挥他们的想象力和创造力。参与者之间的互动和合作可以激发新的思考方式和创新思维，从而提高解决问题的效果和创造力。工作坊的最终成果可能是一个经过共同努力和不断优化的方案或模型，具有更大的实践可行性和实际应用的潜力。

在共创工作坊中，重要的是保持开放的态度和积极的合作精神。参与者应愿意分享和倾听他人的意见和建议，乐于接受反馈和批评，以推动共同创新的进程。共创工作坊的成功与否取决于参与者之间的互动和合作，他们共同努力，将个体的智慧和能力汇集在一起，实现共同的目标。

7.2 欣赏式探寻：从"问题导向"到"愿景驱动"

"我特别赞赏欣赏式探寻这一方法，并感谢你们将其引入联合国。如果没有这一方法，将很难，甚至不可能使如此众多的企业、社群和政府领导人建设性参与到联合国的运作中来。"

——科菲·安南，联合国第七任秘书长

从找出问题，到分析问题，再到解决问题，这是我们过去以来应对挑战的主流范式，也为人类的进步与文明作出了巨大的贡献。然而，进入今天的时代，仅仅依赖这种线性和连续的"问题导向"思维往往是无效的。尤其面对复杂环境下的顽劣问题，我们常常需要跳出问题的"盒子"，走到问题的反面，向未来学习。

欣赏式探寻（Appreciative Inquiry）是一种应对问题的创新探索方法，强调关注和发现积极的方面、价值和潜力。其最早由大卫·库珀里德在1986年提出，作为一种变革管理办法，顾名思义，就是**以欣赏的眼光和方式去看待事物，共同探寻，发现价值**，旨在"在组织发展和变革管理领域创造一场积极的革命"。欣赏式探寻主张把关注重点放在美好的东西上，因为被关注的美好将成为能量聚集的地方。在当年苹果手机的成功案例中，史蒂夫·乔布斯在最初设计时就跳出了传统的问题导向思维，即认为产品就是要满足人们的需求和解决人们的当下问题。他转而选择了另一种思路："发现梦想、实现梦想。"他并没有专注于在传统的诺基亚式手机基础上进行改进，而是从另一端去召唤人心最强烈的渴望。乔布斯主张要创造人的需求、引领人的需求，这样的思维就超越了问题解决的层面，而更多体现了欣赏式探寻的理念。问题的反面并不只是没有问题或问题的解决，也可以是梦想和梦想的实现。欣赏式探寻的核心在于改变传统问题解决的思维方式，从关注问题和缺陷转向关注机会和优势，主要基于对人和组织积极资源的承认和肯定，以促进学习、创新和发展。它通过培养积极的心态和审视事物的积极面，帮助个体和组织发现和利用自身的潜力和资源。欣赏式探寻通过提出开放性、探索性的问题，引导参与者思考他们在过去取得的成功经验、价值观和意义，并从中汲取启示和智慧。

这一概念经常也被翻译为"欣赏式探询"，而笔者则更倾向于"欣赏式探寻"的译法。前者强调以询问与搜索的形式，在搜寻答案的过程中，避免否定、批评与教育，呈现人们最好的一面并找到最佳的策略，鼓励人们提出积极的问题；而后者的"探寻"强调以想象与创新的思维，通过心智探索、梦想构筑和愿景设计，允许开放性的后续发展预期和成果，探索和寻找未来路径。

欣赏式探寻注重让人们获得积极、肯定、赞赏的正面信息，受到启发与鼓励，从而有更强的动机去释放个体的潜能，形成良好的自我认知，构建良性循环。同样一个人，如果获得了积极、肯定、赞赏的评价，处在认同与鼓励的语境之中，在岗位上会表现出更强的动力，进行自我驱动和自我鞭策，由此发挥更大的价值。相反，如果处在缺乏鼓励，甚至是被轻视等充满负面信息的环境中，在负面评价的打压下，人则会对于自己作出较低的评价，甚至会逃避责任，因循懈怠，更并不会有主动强化行动的行为，最终导致消极的结果。尤其是面对未知，欣赏式探寻激发自我价值感，使人们获得积极主动的发展趋向。在组织层面上，欣赏式探寻通过采用积极的组织和引导形式，发掘群体中的积极影响因素，使其在未来的发展中继续发挥更显著、更长久的作用。

◆ 7.2.1 欣赏式探寻与共创

在共创活动中，多元参与者视为一个有机系统，欣赏型探寻的理念与方法可以帮助激活系统的效率与活力，使得参与者共同以探索的方式，不进行设限地共同期待与创造崭新的、大胆的未来景象。

共创的场景往往涉及复杂环境和顽劣问题，而由于问题具有模糊性、生成性等特征，参与者探寻应对方案依赖于行动与试探的反馈，并不断对其更正与完善。欣赏式探寻的理念与方法使得主体活动的形式发生变化。**在欣赏式探寻中，最主体的形式是探寻（Inquiry）而不是介入（Intervention），共同的想象（Imagination）和创新（Innovation）取代了传统问题解决的模式。**传统模式中，人们首先对于问题作出界定，进而进行判断及制订解决方案。而在顽劣问题面前，问题并没有标准答案，也难以在事前预见长期性目标。参与者需要采纳欣赏式探寻的模式，以欣赏作为价值观和态度来逐步寻求答案与实现迭代发展。

在使用共创范式解决问题的过程中，需要赋予每一环参与者足够的能力、意愿及自主性。每个角色都要避免采用批判和否决的方式，否则会阻碍其他参与者的积极性和想象力。事实上，由于信息、能力、经验上的局限，可能任何一个角色都没有绝对的立场来否认其他角色的价值。归纳来看，欣赏式探寻对于共创的意义主要体现为：

（1）打开创造性对话。欣赏式探寻通过关注积极的方面和价值，创造了一个积极、开放和支持性的环境，鼓励人们自由表达和分享观点、想法和经验。这种积极的对话氛围有助于激发创造力、激发想象力，并促进多元思维的交流和碰撞。

（2）强调多元资源和能力。欣赏式探寻关注个体和组织的优势和价值，承认每个人都具有独特的经验、知识和技能。通过欣赏每个人的贡献和多元资源，可以激发参与者之间的信任、尊重与合作，鼓励他们将自己的专长和能力投入共同创造的过程中。

（3）促进共同学习和成长。欣赏式探寻强调从过去的成功经验中汲取智慧和启示，共同学习和成长。通过分享和探索成功的案例和故事，参与者可以相互借鉴、学习和启发，从而提高个体和组织的知识和能力。

（4）构建共享的愿景和目标。欣赏式探寻鼓励参与者共同探索和定义愿景和目标。通过共同审视和思考组织的核心价值观、目标和愿景，可以促使参与者形成共识和共享的愿景，并为共同的目标而努力。

（5）增强参与和归属感。欣赏式探寻为每个参与者提供了被听取、被认可和被重视的机会。通过充分倾听、肯定和鼓励，可以增强参与者的归属感和主人翁意识，激发他们对共创过程的积极参与和承担责任的态度。

在笔者授课的 EMBA 课堂中，一位来自传统卫浴产品家族企业的学员分享到："共创引导我开始翻转镜头，把目光对准自己，也开始更接纳自己，学会放下。我们公司还比较传统，没有共创的机制，都是上面发号施令，下面执行；我认为需要采取更多共创的形式，让多元主体加入到公司的创新中来。"

此外，笔者在组织举办的"乡村振兴·村长工作坊"活动中，就运用了欣赏式探寻这一方法工具，用以指导课堂互动和共创研讨。在村主任们构建乡村振兴实现路径的过程中，鼓励他们采纳**"将短缺转化为资源、将问题转化为优势、把需求转化为骄傲"的欣赏式探寻原则**，这一原则也引起村主任们的共鸣。共创工作坊的意义既为了了解各个乡村所采用的发展模式，又要就此给出价值性的判断。更重要的是，要透过不同乡村特色和村主任个人经验来实现彼此学习和启发。无论是已经取得成果的完整方案，还是过往碰壁的经验，都可以为其他村主任提供有价值的参考。在共创中的村主任们主动审视自身特点，在讨论互动中积极探寻其传统"劣势"所蕴含的正面价值。比如地理位置偏僻作为一个典型的"劣势"，其另一面往往是这些村的自然风光和文化传统保留得更加完整，未来可能转化为乡村发展文旅产业的优势。在欣赏式探寻的方法指引下，村主任们开始变得善于发现客观事物的正面价值，并基于这些发现为乡村发展寻求新契机。

可以看到，欣赏式探寻强调正向的思维和解读方式，任何"缺点"都可以指向"特点"。面对缺陷或者不足，可以通过思维的转换来引向应对策略的创新，并逐步发展成为优势和特色。将问题视为特色的正向思维模式，有利于参与者发现价值，并积极思考如何将问题转化为特色和优势。

◆ **学习型组织与欣赏式探寻**

学习型组织理论，强调全体成员能全身心投入并创造持续增长的学习力，并且能通过学习创造进行自我扩展，创造未来的能量。而欣赏式探寻与学习型组织的概念密切相关，学习空间中，可以由组织的内生动力来刺激可持续发展与进步，激发集体智慧，共同构建学习的氛围，让个体发挥价值。

学习型组织与集体智慧的概念高度相关，而欣赏式探寻则是对集体智慧进行运用的重要方式，与共创的逻辑也相互耦合。建立学习型组织，本身是一种赋能于共创进行的路径，强调人与人之间的协作，并且在推进的过程之中，会持续关注于具有指导性意义的长期美好愿景，其关键在于激发个体热情、进行深入的交流并关注反馈、增进对复杂事件的理解，以建立组织的学习氛围，实现可持续的组织管理与发展。而在这个过程中，欣赏式探寻与学习型组织高度契合，并成为构建学习型组织的方法与工具。

欣赏式探寻的整个循环系统中，覆盖了学习型组织关于学习的四方面，包括全员学习、终身学习、团队学习及全过程学习，分别指向了参与者的覆盖、参与程度、参与形式及参与的时间跨度。欣赏式探寻同样强调了多元参与方、个体持续发展与学习、团队互助形式，以及参与时间与流程的完整。通过这种形式的学习，能够激发与释放内生的创造力，催化并聚集合体的潜在价值，从而产生并积累动力，使系统不断进行升级和发展，实现共创范式下的永续性积极变革。

◆ 7.2.2　欣赏式探寻的过程与阶段

大卫·库珀里德指出欣赏式探寻包含四个关键阶段，分别为发现（Discovery）、梦想（Dream）、设计（Design），以及实现（Destiny），每个阶段都代表了一种关键的行动或思维方式。我们可以以这样的 4D 循环模型作为借鉴框架（见图 7-5），用来促进欣赏式探寻的组织实现。

① Discovery发现

发现与探索
优势和价值

② Dream梦想

勾画蓝图，设想未来
的期望和愿景

正向的主题
Affirmative
Topics

④ Destiny实现

发展行动方案，
落实具体行为

③ Design设计

设计制度和方案，
寻找实现梦想的具体方式

图 7-5　欣赏式探寻的过程：4D 循环

第一，发现阶段（Discovery）：通过探索和发现，找到参与者个体或群体中的优势，揭示其内在的能力和长处，提取经验和价值。这一阶段的目标是发现个体的价值，使所有利益相关者都能参与其中，并共同寻找优势和最佳实践模式。发现个体的价值能够促进多元性参与和深度共创，并形成知识共享的机制。

第二，梦想阶段（Dream）：在已知潜在能量和前景想象的基础上，进行畅想和构思，共同打造更美好的未来。在这一阶段，参与者共同构建愿景和设想，并将其传递给组织全员，引领大家的目光和视野转向更有价值和美好的未来。

第三，设计阶段（Design）：夯实梦想的过程，通过具体方案的设计将愿景转化为现实。这一阶段包括具体操作的规划、组织、架构和系统，逐步制订实施方案。参与者在设计阶段中不断学习和改进，清晰化和具体化目标，并在推进过程中不断探索和改进方法和路径。

第四，实现阶段（Destiny）：基于已有的认知和规划，制订具体的行动计划，激发积极行动，推进实现和持续改进。这一阶段强调建立网络组织，激发个体的参与感，实施行动计划，并建立团队学习和系统思考的机制，以推动积极变革和创造核心。

这四个阶段形成了一个循环模式，通过反复的叠加和推进，动员整个系统的利益相关者，逐步发展出有效的实践方式，增强系统整体的创造力，推动变革力量的持续发展。在这个系统中，每个个体都能积极参与共创，并获得最大的潜力激发和赋能。

7.3 圆圈分享：无顺序、无等差的沟通方式

圆圈分享是一种广泛应用于共创过程中的交流和分享方法，它具有丰富的内涵和重要的意义。圆圈分享指的是所有参与者围成圆圈，针对特定的话题展开个人意见阐述和分享。它以平等的方式进行讨论，不区分身份角色，也不设定讨论内容上的引导者或主持人的角色。圆圈分享采取无顺序、无等差、不刻意起始与终结的方式展开交流，鼓励参与者积极主动地贡献观点并自由互动。

在笔者所组织的共创工作坊中，常常会近乎执念式地强调对圆圈的摆放，例如"这个圆一定要摆得非常非常圆，不能是稍有偏离的椭圆"。因为这个圆代表着参与者之间的平等，每个人离圆心的距离必须相等。这样有助于更好地营造无顺序、无等差的交流氛围。图 7-6 为共创工作坊中的圆圈分享示例。

圆圈分享营造了一种安全和互助的氛围，鼓励人们坦诚地分享自己的想法，倾听他人的声音，并以开放的心态接纳不同的意见和观点。这种氛围促进了参与者之间的互信和合作，打破了层级和身份的限制，使每个人都能平等地发表意见，受到重视和尊重。无论是创意的碰撞、收集，还是创造的过程和成果分享，很多都离不开这种共创式的交流形式。

圆圈分享在共创中扮演着重要的角色，它通过平等、包容和互助的方式，促进了多样性和多元思维的融合，建立了信任和增强了团队合作。构建共创的场域不仅仅是抽象的平等和接纳原则，物理上的情景设置也对思想和话语产生直接影响。一些简单而特定的场域设计能够淡化外在条件和局限，传递和强调欣赏和包容的价值取向。

图 7-6　圆圈分享示例

资料来源：摄于 2021 年笔者团队组织的"乡村振兴·村长工作坊"活动；"圆圈"中包含村主任、教授、政府官员、各领域的校友企业家、高校学生以及乡贤等不同背景人员

◆ 7.3.1　圆圈分享的基本原则

　　共创的实践中，圆圈的运用体现了场域构建的关键原则。圆圈创造了一个平等的环境，不论地位、发言权或发言顺序，每个人都被同等对待，不给个人身份和地位贴标签。这打破了阶级和背景的固化，在讨论中实现了跨领域和跨层级的对话。圆圈使得信息和内容能够超越外在条件的限制，使得不同参与方的意见能够得到重视和讨论，不同角度的观点能够有效传播。

　　对于参与者而言，提供舒适的发言环节和充分支持感知能力的倾听环境至关重要。因为每个人都需要发挥自己的价值，表达观点，释放个体的动力，所以每个人都应该拥有平等的权利和义务。这激发了自我效能感和自我价值的发挥，使每个人能够在讨论中及其后的各自角色和职责中发挥自身的价值。在圆圈讨论的过程中，话题的内容会被输出和更新，有助于参与者发现价值。圆圈分享的场域设置主要服务于核心内容和信息本身，使场域的形式能够支持共创的发生，更有效地释放不同个体的主动性，最小化外在条件对创造价值的限制。

在具体操作方面，圆圈分享强调以下规则。

（1）角色对等。与会成员皆可享有平等的发言权，如果涉及决策，不同成员享有同等的表决权。

（2）议事不议人。讨论针对话题内容，不针对与会成员的身份、角色或者个人。

（3）非人数优势。圆桌会议采用协商一致的形式，不轻易按照人数上少数服从多数的原则进行裁决。

（4）非决定。圆桌会议并不以作出最终决议或得出最终成果为目标，一场圆桌会议的成功与否，与会议是否得出结论无关。

◆ 7.3.2 圆圈分享实例

圆桌会议属于圆圈分享的典型形式之一，被视为自由和平等文化的象征。圆桌会议被认为最早起源于英国亚瑟王时代，被广泛运用于国际会议及多边会议中，以体现各国平等原则及协商精神。

圆圈分享的原则经常被应用于国际组织、非政府机构、商业联盟等团体性组织中。例如，"考克斯圆桌组织"是一个由来自北美、欧洲和日本的100多名商界领导组成的国际组织，每年在瑞士的考克斯召开圆桌会议。考克斯圆桌组织提出商业背景下的共同准则，包括：将小规模人群和全球人群纳入进来，共同以商业带动积极的社会变化，共同维系稳定的经济关系和全球的可持续发展；将公司、股东、顾客、雇员、物主或投资者、供应商、竞争商、社区或共同体都界定为"利益相关者"。同时，"考克斯圆桌组织"在确定共同准则的过程中调和不同准则，制定一个能够被广为接受并尊重的、共同的经济行为原则。联合国也常常借助圆桌会议来促进磋商（见图7-7）。圆桌会议避免了各国代表的席位轻重或尊卑的区分，以体现各国平等原则和协商精神。在讨论话题上，国际议题从简单的单一议题转向复杂的综合性议题。圆圈分享这一形式有效地构建了开放、包容和平等的共创场域，成为合作和共赢的基础平台。

图 7-7　模拟联合国大会中采用圆桌会议的会谈模式

　　另一现实案例来自我国的基层治理经验。在乡村的参与式治理模式中，圆圈分享被应用于村级讨论会议。例如，通过围成圆圈的村"坝坝会"，构建村社群众、基层干部和外部参与力量之间的共创场域。相关协调人员可以在圆圈讨论中扮演催化者的角色，引导村民积极参与，开展共同参与式治理的试点工作。乡村建设参与者们通过讨论学习和获取新信息，进行想法和建议的交流，促进共相互学习和共创。

　　在北大国发院"乡村振兴·村长工作坊"中，圆圈分享通常在工作坊最后阶段的总结环节中使用。参与者包括村主任、学者、企业家代表和志愿者等，讨论主题涉及工作坊的内容、收获、成果以及未来计划。在圆圈总结中，不同参与者结合自身角度和学习思考，对于共创过程中的信息和共识进行有效的整合。

7.4 ▍世界咖啡：轮转碰撞中的"桌主"

◆ 7.4.1　世界咖啡的概念及基本形式

世界咖啡是一种结构性的交流会话过程，旨在通过特定的对话方式集中思维和智慧，解决问题，发现思想的共性，并为自由对话提供场域，以促进智慧的集结。该概念最早由未来学学会研究专员朱尼特·布朗和德州大学学者伊萨斯·戴维在 *The World Café: Shaping Our Futures Through Conversations That Matter* 一书中提出。它被用作引导协作对话、分享知识和创造行动的平台。

　　世界咖啡将参与者分成小组，围绕同一张桌子作为单位进行讨论，同一桌内选出一位"桌主"（Table Host）角色，其他人作为"意义大使"（Ambassadors of Meaning）。同组讨论之后，桌主维持在原位不动，其他参与者开始更换桌位，以轮换的形式参与其他组的交流讨论。桌主向新加入的成员介绍该组的基本观点和看法，共享此前的会议精华。意义大使则在新一轮的讨论中介绍自己原组的想法，叙述他们的讨论线索，并引入新的评论、看法、建议，以促进彼此交融后的新观点。随着每一组的讨论推进和多次轮换，新一轮讨论的内容质量和程度会不断加深和升级。此外，在轮换讨论结束后，所有参与者会一同进行集体的成果展示与分享。图 7-8a、图 7-8b 为共创工作坊中的世界咖啡分享现场示例。

图 7-8a　世界咖啡分享示例

资料来源：摄于 2021 年笔者团队组织的"乡村振兴·村长工作坊"活动

图 7-8b 世界咖啡分享示例

资料来源：摄于 2021 年笔者团队组织的"乡村振兴·村长工作坊"活动

世界咖啡模式的组织形式非常灵活，适用于十多人至数百人不等的活动。它能够解构大型座谈会的框架限制。一般将参与者分为 4 人至 5 人一桌，并邀请来自不同领域的参与者进行轮番对谈。轮换次数应至少为三轮或以上，单轮讨论时间最好在 15 分钟至 45 分钟。主体内容包括对前一轮讨论的概括总结和结论分享，以此为基础进行更深入的讨论，既开始新一轮的讨论，探究新的问题，也会在原有的问题上进行深入和补充，形成渐进式对话模式。每个小组分享他们的讨论成果，然后进行整体汇谈。

为了促进讨论的进行，世界咖啡将讨论活动场景设置成如咖啡厅一般的氛围，让参与者进入舒适、轻松、愉悦和自由的交流状态。除了桌椅之外，可以配合可视化工具，如设置桌上的画纸、画布和彩笔，鼓励成员在讨论过程中留下涂鸦和随笔，为下一组轮换成员提供情况介绍和思维启发。其他适配的场景设置可能包括圆桌设定、鲜花和装饰、背景音乐等。

世界咖啡在设计和操作流程中强调以下原则。

（1）设定目的和参数。具体可以首先界定"三个 P"，分别为目的（Purpose）、参与者（Participants）及外在因素（Parameters）。明确讨论目的，划定对话范围界线，并考虑参与者角色和其他注意事项，确保会议达到预期效果。

（2）营造舒适氛围。通过场域设计，让参与者感到安全和放松，制造好客的氛围，鼓励创造性思考、倾听和发言，促进观点的传达。

（3）聚焦重要问题。将共同注意力集中在几个有力的提问上，明确焦点问题，以便集思广益、共同构思解决方案，问题需要有发挥空间，与整体主题相关，并引发思考和关注。

（4）鼓励积极参与。确保每个人的参与度，关注每个人的积极参与，确保每个声音都被听到并产生影响，充分探索各种想法。

（5）促进交互与连接。参与者持续在不同桌次之间更换座位，与新结识的伙伴交谈，将个人心得与不断成形的集体思想结合，通过合作意识和共同平台加强个人观点交互，发挥交流的动力和生命力，并允许不同见地和创意结合呈现。

（6）倾听与凝聚共识。参与者积极表达并以开放的视野和谦逊的态度倾听他人观点，反思并补充或调整自己的观点，共识不断迭代，引发更深层的思考，加深对问题理解的过程。

（7）收获、分享与创新。通过多个回合的分组对话，全体对话提供集体性空间，共同反思和回馈。分享多轮对话的成果和心得，共享意见和建议，梳理和集结集体智慧，包括观念、解决方案、心得感悟等，显性化行动的知识和领会，引发更深层的智慧和创新发现。

◆ 7.4.2　世界咖啡在共创中的作用

世界咖啡强调互动性，避免单向输出的传播模式，重视每个人的参与，将演讲者和聆听者的角色融合在一起，这与共创的理念高度契合。

世界咖啡采用交互轮换的形式，提供快速沟通模式，促进观点的催化与迸发。参与者在短时间内进行多轮次的交流和交错式对话，观点快速流动，起到催化剂和被催化与迭代的作用。在世界咖啡馆中，每个人将自己上一轮讨论的思考与其他组的想法结合，并与来自不同讨论组的成员进行观点碰撞，产生更多的排列组合和化学反应。

世界咖啡强调在不同讨论组别和参与个体中的彼此启发。通过轮换和讨论组别的变化，鼓励参与者之间的协同合作。每一轮的讨论可以从之前讨论的基础上延伸和深化，参与者通过共同探索问题、分享观点和建议，形成协同合作的氛围。通过倾听和对话，参与者可以从他人的观点和经验中获得新的见解和灵感，推动共同学习和成长。此外，世界咖啡鼓励参与者超越个体的思维，从整体的角度思考和解决问题。通过整体汇谈和成果展示，参与者可以共同建构新的观点和解决方案，产生创新思维和行动计划。

世界咖啡作为一种共创的策略性汇谈模式，通过对话流程和整合式的设计原则构建有生命力的交流流场域，在多元参与、协同合作和共创思维下促进创造力的发挥。世界咖啡充分调动并运用集体智慧，在吸纳个体价值的过程中创造新的集体价值，是共创的有力工具。

7.5 3D 建模：立体、具象的启示法则

◆ 7.5.1　3D 建模的基本介绍

3D 建模是配合于共创讨论的一种可视化工具。"Doing is better thinking（行动是更好的思考）"，构建三维模型，可以通过清晰化、具体化、图像化的方式，配合共创中的学习和讨论，将观点与成果进行具象转换，对理论和想法进行实时模拟，以模型的呈现形式，便于参与者进行观察。用具象化、比喻的方式能在团队中更好地表达创新的原型。笔者在 EMBA 课堂中也常常跟学员强调："希望你们用手去引导自己，激发自己的直觉，因为手有时比脑更聪明"。图 7-9 为共创工作坊中的 3D 建模示例。

3D 建模可以包括多种形式和种类，涵盖实体模型和数字化模型。通过各种工具、材料和数字技术手段，旨在传达情感、实现内容的可视化和意义的表达。常见的类型包括沙盘模型、实体模型、表意模型、数字化效果渲染图等。选择和调整具体模型类型取决于话题性质、参与者的技术特质以及解决方案的特点等因素。

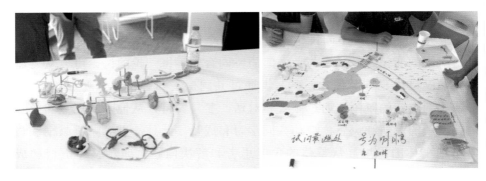

图 7-9   3D 建模示例

资料来源：摄于 2022 年笔者团队组织的"乡村振兴·村长工作坊"活动

◆ 7.5.2   3D 建模在共创中的作用

3D 建模作为可视化的展现形式，有助于共创中的信息与思想传达。通过将成果或观点转化为具体模型，可以更好地表达观点和报告想法，并加深对具体特征和细节的理解。这提供了更高的信息传递准确性，有助于提高共创讨论的效率和准确性。

从沟通效能的角度来看，创造性和互动性的展示方式更能促进和激发交流沟通。通过激发参与者的积极性，实践社会意义，可以进一步释放解决社会问题的潜力。特别是在展望性、实践性和创造性的议题上，例如前沿产品设计、组织文化与变革、更新与改造、乡村发展、城市规划等，3D 模型在话题的讨论和发展方面都别具建设性价值。

共创活动中涉及的问题具有复杂性，而 3D 模型的形式可以以精细、灵活的方式来呈现构想。共创常常需要对抽象和前瞻性的话题进行探讨，而 3D 模型在其中就是一个有效的载体，可以让参与者将观察、倾听、感受、理解、反思和想象结合起来。

在共创活动中，参与者以小组形式共同创建 3D 模型并展示，进而激发团队协作。共建原型的过程是共创的重要环节，也是集体合作的一种形式，能够促进团队协作的磨合与能力培养。对于参与者而言，建模过程也是个人学习和能力发展的过程。将想法具体化为实体模型是一种塑造自信、创意和行动力的探索，也是对构想形成一个初步的实践。

此外，建模过程中的创造行为本身也是刺激想象力的重要步骤，有助于参与者将创新思维和动手能力结合在一起而形成启迪。3D 建模与讨论和学习的过程是并行的，并通常与汇报和展示相结合。通过设计、创造和分享的过程，鼓励参与者成为改变的创造者。此过程还可以通过非语言的方式进一步传达观点，作出贡献，提高参与者的开拓性思维和探索新领域的能力，从而更好地释放创造力。参与者可以从模型中解构创想，在模型构建和分析过程中不断完善落地实践的方案。

◆ 7.5.3 共创工具的组合应用

3D 建模为共创提供了工具支持，同时也可以作为世界咖啡讨论中的一种呈现方式，比如可以将 3D 模型的展示和解析作为世界咖啡的焦点内容之一。世界咖啡参与者保持欣赏和开放的态度，共同参与模型的建立、观察与分享交流。

本章介绍了五种共创工具，包括共创工作坊、欣赏式探寻、圆圈分享、世界咖啡和 3D 建模。需要指出的是，这些工具并不是孤立使用的，而是可以相互交织，嵌入彼此的框架和逻辑之中。例如，欣赏式探寻的原则可以贯彻于共创场域中的整个过程和环节之中，欣赏和鼓励也是世界咖啡和圆圈讨论等形式开展的基础性原则。共创工作坊本身是一种综合形式，可以包含其他各种工具，在工作坊的周期内逐一实践。

因此，共创者不一定要在不同工具之间作出特定选择，更重要的是通过整体方法论的设计，构建一个综合作用的框架，以容纳和结合不同的方式，共同构建共创场域，促进共创的实现和价值的产生。总而言之，共创工具与共创本身之间具有复合性的联系。各个工具都遵从共创范式的基本原则，它们的应用逻辑符合共创的思维方式和过程导向，能够辅助和推动共创活动的进行。

第八章

共创未来：
战略与实践演绎

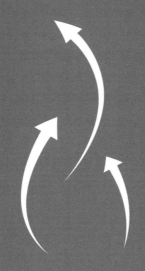

　　面对现实中的诸多重要议题，企业、社会组织亦或个体都需要注重知识与方法的不断更新、思维范式的转化与创新能力持续提升。近年来国家提出了深化改革、可持续发展、乡村振兴、碳减排等一系列重大举措，而身处其中的行动者越来越需要跨越部门、专业领域和组织的边界，共同看见挑战和机遇，通过共创范式来推动发展。在新发展阶段下，企业实施战略变革与转型也将越来越依赖于跨界、共创的集合智慧，而非单一的规划或计划思维。

8.1 可持续价值与共创范式

当今时代，可持续发展已成为全球社会的核心命题。可持续发展超越了传统的经济单维目标，旨在寻求经济、社会与环境的协同并进。可持续发展相关议题对人类社会的意义重大而深远，同时也向我们提出了更加复杂的挑战，而我们所掌握的方法论与工具还远不足以有效应对。可持续发展已成为全球普适语境，价值锚点由"经济单维"转向"经济—社会—环境"是必然之势。相较于仅仅依赖分析范式、权变范式与迭代范式，共创范式或成为应对诸多可持续发展议题最为根本有效的范式。

可持续发展早已是国际共识。2000 年，191 个国家代表参加了联合国千年首脑会议，通过了《2000—2015 联合国千年发展目标》。2015 年，193 个成员国在全球可持续发展峰会上又正式通过了《2015—2030 年可持续发展议程》，提出了包括消除贫困、实现零饥饿、应对气候变暖、保障良好的健康与福祉在内的 17 项可持续发展目标 (SDGs) 和 169 项子目标。SDGs 的提出，呼吁人们寻求经济、社会和环境三个维度的协同发展，促使全球转向可持续发展道路。

中国是可持续发展理念的重要倡导者和切实践行者。党的十八大以来，我国更加重视发展模式的转变，将可持续发展纳入基本国策，推进经济、社会、环境协同发展。2015 年 9 月，习近平总书记自出席联合国发展峰会，和各国领导人一起核准未来 15 年的可持续发展议程。2016 年 3 月，第十二届全国人大第四次会议提出的"十三五"规划纲要中，确定了"创新、协调、绿色、开放、共享"的五大发展理念。随后，中国在 2016 年 4 月于联合国大会发布了《落实 2030 年可持续发展议程中方立场文件》，系统阐述了中国根据"共同但有区别的责任"的原则所制定的发展重点和举措。同年 9 月，中国制定发布了《中国落实 2030 年可持续发展议程国别方案》，详细阐述了中国未来一段时间落实 17 项可持续发展目标和 169 个子目标的具体方案。2016 年 12 月，国务院下发了《关于印发中国落实 2030 年可持续发展议程创新示范区建设方案的通知》。我国陆续在多个地区成立了可持续发展示范区和试验点，一些地方政府也编制了城市的可持续发展规划。可以看出，我国早已将可持续发展理念纳入基本国策，在可持续发展治理与实践上也表露出坚定的决心。

◆ 8.1.1　剧变时代下，可持续发展的挑战与应对

我们身处剧变时代，而其中可持续发展对应的问题也大多属于顽劣问题。它们不再遵从传统的经济单维目标导向，其价值锚点由经济单维转向"经济—社会—环境"多维，呈现为多维度要素错综交织的超复杂问题。SDGs 提出后的五年间，除中国切实推进了减贫等工作，有很多国家在减贫上出现了不同程度的倒退，全球有近亿人重返赤贫。此外，全球气温持续升高，尤其近十年升温速度越来越快，2019 年达到历史气温第二高点。

2018 年，习近平主席在中央外事工作会议上提出："当前，我国处于近代以来最好的发展时期，世界处于百年未有之大变局，两者同步交织、相互激荡。"就国际环境来看，新冠疫情的全球大流行催化了变局的加速变化，全球产业链、供应链因非经济因素而面临冲击，世界局势动荡。对国内而言，我国进入了高质量发展阶段，社会主要矛盾转化为人民日益增长的美好生活需要和不平衡不充分的发展之间的矛盾，而中国虽然有人力资源丰厚、社会大局稳定等多方面优势，但也存在创新能力不足、生态环保任重道远、民生保障存在短板等弱项。不管是全世界动荡重建的"大变局"，还是中国高质量发展的"新阶段"，都要求我们反思过往发展模式中的潜在问题，也对可持续发展理念提出了强烈需求。

今天的可持续发展问题大多不是一般性的复杂问题，而是涉及多层面、多维度要素的错综交织，属于超复杂的顽劣问题。比如气候变化、老龄化、不平等问题等，这些问题都具有很强的生成性和反身性。可持续发展的议题从来没有像今天这样深入各个领域、各个部门，它越来越嵌入我们生活中的各个层面。如果可持续发展的议题问题没有处理好，大到我们整个人类社会、细到我们的日常生活都会受到直接或间接的影响。在我们解决问题与带来改变的过程中，会不断涌现和生成不可预见的新问题与状况，是一个非线性和不连续的过程。对于可持续发展的某一切实问题，解决方案可以有诸多甚至是无限的可能性，原因也是多样的，有很多相互依赖的因素，涉及不同的利益相关者，对问题也有不同的理解，存在相互冲突的目标，针对问题没有清晰的解决方案，甚至没有清晰的描述。此外，很多问题都是高度环境敏感的，以至于同样一个解决方案换到另外一个环境里可能就变成了一个问题，而非答案。

因此，今天可持续发展面临的最根本挑战就是剧变时代的顽劣问题。它挑战了我们对这个世界的基本看法和理解，以及我们面对这个世界所应采用的手段和工具。在许多应对方法的前提条件被颠覆的同时，并不意味着我们要全面否定过去被认为行之有效的理论与方法，而是使应对思维和行动更加具有包容性，以共同应对线性与非线性挑战。

很多可持续发展议题都为我们构建了极为复杂的情境，经济、社会、环境等多维度目标相互交织，在应对过程涉及跨层级、跨领域的多元要素时，依靠单一主体的思考与努力很难实现有效应对。在以往工业时代里所形成的以经济效益和工作效率为目标的经典方法越来越无法充分有效。分析范式下，单一主体的规划思维在易变的外部环境和不断生成的问题面前往往无所适从。可持续发展议题的实现除了政府自上而下的动员和投入，还需要全社会自下而上的创新与行动。对于一个国家的可持续发展议题，哪怕一个城市、一个县域、一个社区、一个企业的可持续发展议题，共创范式可能都是其实现有效应对之根本。共创范式意味着要突破单一主体创新与实践的局限性，让可持续发展议题所涉及的部门、组织或个体走在一起，多元的利益相关方之间持续性的互动、协作与反馈，共同推动有效应对实践的形成与持续迭代。

◆ 8.1.2   可持续金融主题下的共创实践

金融作为助推经济发展和社会变革的重要动力，对经济社会的可持续发展有着极为关键的引领作用。可持续发展金融倡导资本投向对社会和环境有益的方向，在实现商业回报的同时创造更为深刻的社会环境效益。随着以欧美为代表的西方成熟市场对商业的理解不断深入，社会资本开始重塑企业目标，对企业的评估不再仅仅基于财务表现，或其产品、服务的品质等传统指标。相反，越来越多聚焦其与员工、客户和社区的关系以及对整个社会的影响，商业管理本身也逐渐纳入对社会价值的思考，产生了社会企业、公益组织等新型组织形态。就可持续金融而言，其项下的众多分支领域，如责任投资、影响力投资、ESG[①] 投资、绿色金融等，不断突破传统金融框架被提出。而传统慈善机构也日益认识到慈善的效率和影响力边界，希望通过商业手段

---

①   ESG 是环境（Environment）、社会（Social）和治理（Governance）三个英文单词的首字母缩写，为可持续金融和企业社会责任领域常用的术语。

实现真正的可持续发展，混合金融等新领域不断涌现，成为公共政策领域的新研究方向。鉴于可持续发展的系统性，经济、社会、环境等学科均有参与，且缺一不可。

◆ **网状组织何以推动 ESG 行业变革**

　　Sustainable Trading (ST) 成立于 2022 年，是一个非营利组织，旨在推动金融交易行业内的 ESG 实践。作为共创召集者，ST 吸纳全球金融交易行业的各类公司作为其成员，共同探讨并提出"最佳实践方案"（Best Practice）。在短短不到一年的时间里，ST 展现了其对全球 ESG 领域的变革性影响潜力。

　　2022 年 5 月，11 家金融服务机构，包括美国资本集团、花旗、富达国际、高盛资产管理和欧洲期权交易所等，共同加入 ST 成为会员公司。这些公司不仅每年向 ST 交纳会费，还投入资源和专业知识，帮助其他会员公司以及整个行业应对具体的 ESG 问题和实践困难。ST 表示在选择会员时非常注重地域、身份、背景等因素，以确保多元性。

　　ST 本身不负责提供问题的解决方案，而是充当一个"召集者"和"催化者"的角色。作为非营利性的会员网络，ST 将金融交易行业中的各种公司聚集在一起，共同提供建议和意见。在工作小组和会员之间的交流过程中，ST 必须监管流程、内容和最终方案的标准和透明度，创造有利于 ESG 实践和发展的环境。会员公司有责任将 ST 提出的方案和自我评估机制付诸实践，并提供反馈意见。ST 采用的运作方式不是线性而是网状的，它将金融服务商、硬件制造商、数据中心、技术提供商等各个角色聚集在一起，共同解决问题。ST 的高效性源于其去中心化的运作方式，其强调扁平和共享，要求会员公司共享信息，这有利于消除信息不对称，增强行业内的沟通。ST 作为召集者帮助可持续金融领域打破地域、角色和企业边界的限制。

　　2019 年，北大国发院联合社会价值投资联盟（深圳）、博时基金管理有限公司作为种子发起单位共同发起了关于可持续发展金融共创实践项目，本书笔者的所在团队在过程中也扮演了发起方角色。该项目在设立和实施过程中体现了典型的共创范式的原则。项目以推动可持续发展为使命，以共建金

融行业生态为目标，在坚持开放、共创的基础上，以来自政、商、社、学各界的专家和实践者跨界对话、共创为特色，结合理论研讨、实践探索、迭代提升等多元手段的开创性社会实验研究。通过"原型—试验—反思—迭代"的共创过程，探索可持续金融的中国模式，为市场参与者输出可落地执行的产品和方案并持续迭代完善。

通过各方共创，该探索可持续发展金融的中国模式，以期为政策制定者提供切实可行的政策建议，为市场参与者输出可落地执行的产品和方案，并为国际市场提供中国经验。项目也持续输出多样性的项目成果，包括联合举办"可持续发展金融创新实验共创坊"，包括"科技赋能的可持续金融""建立可持续发展价值评估体系"等共九期，现场记录如图8-1所示；联合举办"ESG投资前沿论坛"，包括"时与势：ESG投资全球趋势与可持续发展""知与行：ESG投资从观念到实践"等共八期；共创政策提案《建立可持续发展价值评估体系，引领暨服务中国经济的转型升级》；参与出版《可持续发展金融前沿月报》《可持续发展蓝皮书》等。

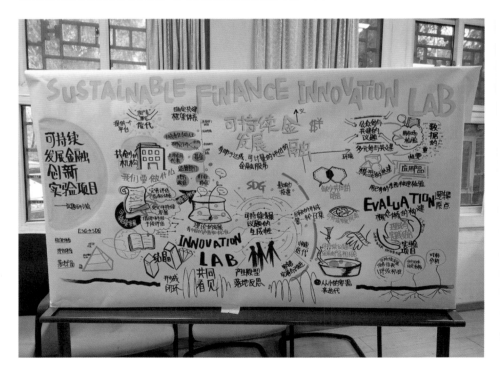

图 8-1   "可持续金融"主题共创活动的视觉记录

　　构建共创平台。项目依托北大国发院在经济、管理、社会等多学科的综合研究能力与社会价值投资联盟在可持续发展领域的影响力，联动政界、学界、商界、第三部门等组建跨领域实践研究小组（见图8-2）。汇聚多方资源，通过理论研究、对话分享、实践探索、总结提升等一系列手段实现产学研一体化快速验证，推动公共政策制定和行业基础设施搭建，进而推动可持续发展生态体系的日益完善。

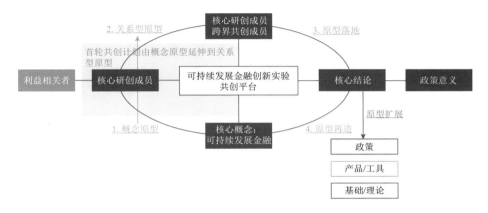

图 8-2　"可持续发展金融"共创平台的设计

　　项目以公益研究为项目定位，通过平等、开放的方式建立共创者社群并共享研究成果，以时间银行方式管理参与者贡献，如图8-3所示。

图 8-3　"可持续发展金融"共创参与者的投入模式

深度融合跨界共创思路，搭建分层的课题研究项目组（见图8-4），邀请代表机构领导及业务骨干深度参与项目共创研究。

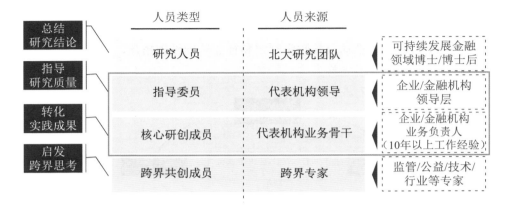

图 8-4 "可持续发展金融"共创团队角色设计

根据可持续发展金融共创实践的设计，共创团队每个月完成一次迭代，总共4轮，最后一轮迭代发起原型总结与政策评估。共创的最终成果体现为议题报告、金融产品、政策建议等。

以"科技赋能的可持续金融"共创活动为例。开展以"科技赋能的可持续发展金融"为主题的共创工作坊，将嘉宾划分为不同领域，最终邀请科技组3人、金融组3人、政府及下设机构2人、非营利组2人、高校2人，进行共创研讨。此外，在工作坊还配置了3位催化者（Facilitator）和2位助理催化者（co-facilitator）。共创工作坊流程一般如表8-1所示。基于共创工具，工作坊向参与成员设立了相关讨论的原则，包括延迟判断、自由联想、以量取质、鼓励延展。

表 8-1 "可持续发展金融"共创活动流程设计

起始	结束	时长（min）	环　节
13:30	14:00	30	进入场域—预热
14:00	14:15	15	圆圈分享（第一轮）
14:15	14:45	30	复盘 / 破题及主旨演讲
14:45	15:15	30	圆圈分享（第二轮）

续表

起始	结束	时长（min）	环　　节
15:15	15:25	10	茶歇 Break/ 转场
15:25	16:25	60	分组讨论（3D 建模）
16:25	16:40	15	世界咖啡
16:40	16:55	15	总结
17:00	17:30	30	圆圈分享（第三轮）
16:55	17:00	5	视觉产出
17:30	17:45	15	离开场域—提升
17:45	17:50	5	合影

分组讨论。共创专家结合经验与兴趣，选择议题，自行结组；选出每组小组长，组织讨论；1 小时时间分组讨论；每小组配一名研究助理。图 8-5 为现场讨论时所拍摄。

图 8-5　"可持续发展金融"共创活动中的讨论与互动

世界咖啡。组长不动，其他组员轮换到其他组组织讨论；一轮讨论时间为 30 分钟；一轮结束后自动轮换，开启第二轮讨论；研究助理不动。

世界咖啡环节为参与成员设定以下原则：a. 设定情境；b. 营造友好空间；c. 探索真正重要的问题；d. 鼓励每个人的积极参与与贡献；e. 到处走动交流并连接不同观点；f. 收获与分享集体的智慧；g. 共同倾听其中的模式、见解和深刻的问题。

世界咖啡环节完成后，各组成员进行成果展示：组长分享结论 / 观点

（15分钟）；提问互动（5分钟）。

复盘提升。以词云形式进行内容提炼，并生成2～3个议题；形成创新原型，如图8-6所示；颁发致谢证书；形成下一阶段安排；会议纪要一同步至专家群，形成兴趣社群储备；将内容纳入可持续发展金融月报。

图8-6 "可持续发展金融"共创的原型产出

◆ 8.1.3 可持续发展价值评估体系创新的共创实践

近年来，国内可持续发展的实践与创新蓬勃涌现，但系统性的制度引导还有待提升。可持续发展相关概念较多，不同领域、不同部门的主体对可持续发展的认知存在差异，价值标准的界定也不完备、不统一。在实践过程中面临的一大重要挑战是如何衡量不同主体和活动在特定时间段内对可持续发展的贡献（即可持续发展价值评估）。可计量、可分析、可比较的价值标准是引领理念及有效行动的关键，也是培育规模化市场和扩大影响力的先导条件。要实现可持续发展理念转化为实践效果，就要求建立一整套可持续发展运行机制、价值标准和评估体系，对政府、企业、社会组织等主体形成有效引导与激励，切实保障可持续发展战略落地。

在此背景下，自 2020 年 8 月起，北大国发院与社会价值投资联盟联合推动下，举办了一系列以构建可持续发展价值评估体系为主旨的共创工作坊活动。图 8-7、图 8-8 为共创各阶段的活动现场所摄。共创工作坊旨在深入探究如何促进我国可持续金融、重塑全球价值评估产业、助力国际可持续发展标准制定，并探讨将该项目内容纳入国策的可行路径。

图 8-7　"可持续发展价值评估体系创新"的共创活动

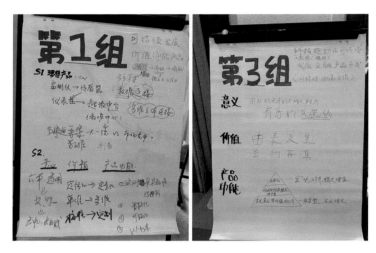

图 8-8 "可持续发展价值评估体系创新"共创活动的分组记录

　　共创工作坊秉持多元、开放的原则，每轮活动都尽可能地汇集了政府、高校、企业、社会组织等多元主体，这些主体的领域背景也涉及产业、金融、环保等多个方面，让多元视角和思考在同一个场域下进行碰撞与迭代。在一系列共创工作坊活动的推动下，切实形成了政策建议成果，并为可落地执行的实践方案提供了启发。

　　其中包括来自友成基金会、华为 Cloud&AI、北京大学光华管理学院、博时基金等机构的 40 多位专家历时 7 个月，参与了数轮次的可持续发展价值评估的共创工作坊，各界专家就可持续发展战略进行了充分的观点碰撞和思想交流，对构建中国可持续发展价值评估体系的紧迫性、必要性以及实现路径进行了翔实的辨析与研讨，最终凝结成了研究报告、政协提案等一系列创新成果。

　　除了讨论过程本身秉承了共创原则外，讨论成果也表明，未来可持续发展价值评估体系的建立与推动也需要在很大程度上依赖共创范式。可持续发展价值评估内涵涉及经济、社会、环境等多个维度，因此需要积搭建产、学、研、社的共创平台，让跨界、有代表性的利益相关方走在一起，在不同专业视域和研究基础上寻求共识，共同参与制定和完善可持续发展价值标准和指标体系。学术机构应充分发挥自身的专业能力，提供理论支撑，保障可持续发展价值标准和指标体系的科学性和系统性。在推进可持续发展价值评估产业的过程中，注重激发市场参与活力，鼓励行业服务机构、企业、高校、社会组织等多元主体的探索与创新。打造公平及有序的竞争环境，推动可持续发展信息采集、审核、评价、认证、产品应用、咨询服务等产业环节高质量和高效率运行，持续扩大我国可持续发展在实践与创新上的影响力。

8.2 乡村振兴、"碳中和"战略与共创范式

◆ 8.2.1　乡村振兴的共创应对

乡村的高质量发展是践行可持续发展理念的一项重大内容。当前，全面推进乡村振兴已成为国家核心战略，我国乡村发展进入崭新阶段。乡村振兴战略是决胜全面建成小康社会和社会主义现代化国家的重大历史任务，未来我国乡村需遵循"产业兴旺，生态宜居，乡风文明，治理有效，生活富裕"的二十字方针，因地制宜地推进乡村发展与建设。乡村振兴面临的挑战更加艰巨，其不仅是对扶贫攻坚的历史延续，更需要认知的跨越和应对范式的升维。

在国家整体现代化水平逐步提高、新一轮科技革命和产业变革广泛渗透等背景下，再加上共同富裕、第三次分配等一系列正在涌现的制度安排，未来乡村发展所处的环境系统更加复杂多元。此外，乡村发展的过程本身也面临诸多顽劣问题，乡村振兴是统筹乡村政治、经济、文化、生态文明等多重目标属性的系统工程，涉及跨层级、跨领域、跨地区的要素勾连和问题衍生，未来乡村治理的决策场景将越来越显现出复杂性。我国乡村发展条件千差万别，哪怕在一个县域、一个村庄这样小规模的地理单元内，其发展都涉及多维目标和多元要素。例如在某个村庄发展产业的过程中，就涉及土地、劳动、资本、技术、生态等多种资源要素，还要考虑到城市与乡村之间的要素互动。推进乡村振兴并非要依赖于某单一要素投入规模的扩大，更关键在于盘活存量要素，提高要素之间的匹配率以及组合利用的效率。随着乡村经济社会的纵深发展，需进一步推进要素配置机制的创新，消减由城乡、地区、部门间张力带来的非必要市场藩篱，更好地发挥各类要素资源在乡村发展中的综合性效能。

寻求乡村振兴的金钥匙，不能仅仅依赖于商业逻辑，哪怕是很有实力的企业，若按照简单的开发商模式进入乡村，往往也是不可持续的。传统的规划分析、科层式的任务传导、"原子式"的村庄管理模式，很难有效应对乡村发展的复杂治理问题。宏观层面上，需要多部门在引导、激励与监管上的

政策协同；在微观层面上，需要充分调动乡村、城镇、企业、社会组织等多元主体的自主意识和协同创新潜力。

未来，乡村发展越来越多地需要采纳共创思维，**在特定的情境、议题下，促进政府、企业、社区等多元主体互动，共同看见乡村发展的挑战与机遇，持续迭代创新的发展路径**。在第三次分配体系下，社会力量在乡村振兴发展中具有政府和企业难以发挥的作用，在发起与推进共创活动的过程中能够扮演关键角色。社会力量不仅仅包括公益慈善机构，还有乡贤、社工、党员服务队、公益创客、具有乡土情怀的企业家等。在共同愿景的纽带作用下，社会力量可以在乡村振兴事业的推进过程中发挥召集、联结以及撬动的作用，在政府、企业与村民之间积极沟通与协商，促进形成共创社群，充分调动和整合各方优势能力和资源，在平等对话的基础上解决问题。同时，充分考虑环境的易变性和不确定性，多元主体在推进乡村发展活动中需注重持续地反思与学习，根据实际情况灵活调整发展策略，不断寻求乡村发展和组织本身的迭代升级。在该过程中，可以村庄、乡镇或县域为基本单元，搭建多元主体（如村 / 县干部、村民委员会、企业家、村能人、乡贤、社会机构专家、学者等）之间的研讨与创新平台，探索链接多方资源与智慧的共创模式，并梳理调动微观主体投入与合作积极性的机制。

◆ 8.2.2 "乡村振兴·村长工作坊"：企业家、专家学者与村主任的共创结晶

2021 年，北大国发院公益委员会联合社会行动与创新实验室，以共创为指导原则创立了乡村发展带头人研修平台—"乡村振兴·村长工作坊"（以下简称"村长工作坊"）。该平台依托北京大学教授、相关行业专家以及校友资源，为乡村发展带头人（包括但不限于村书记、村主任）搭建有效的共创场域。"村长工作坊"依托学院内外教授、行业专家、企业家校友等讲学资源，为我国乡村基层治理主体提供前沿的催化、学习与使能平台。图 8-9 为"村长工作坊"活动现场所拍摄。

"村长工作坊"的共创研讨内容既涉及乡村振兴若干重大议题、政策与法规解读等宏观主题，也涵盖乡村产业发展、集体经济组织治理、城乡融合、土地流转与利用、金融与科技赋能等系列专题。通过理论与政策解读、

典型实践案例的演绎以及丰富的课堂互动过程，帮助乡村干部实现知识拓展和能力提升，更全面深入地对乡村振兴建立认知，并付诸有效探索与实践。同时，鼓励多元视角，并立足村庄实际，促进乡村干部与高校、企业、社会组织等建立研学连接，共同探索乡村未来发展的挑战与机遇。

图 8-9　本书笔者向村主任学员强调共创原则

（1）缘起：校友公益委员会的召集者角色

学院许多校友不仅是活跃在中国经济发展一线的企业家，更是践行公益的积极探索者。2018 年 12 月，北大国发院校友公益委员会成立。2000 年学院成立至今的历届毕业生中挑选了 50 名成员，作为北大国发院公益委员会首届公益委员。这些委员不仅在不同行业领域作出了重要贡献，同时又有着专业公益理念和浓厚情怀。校友公益委员会旨在通过创新的组织形式参与社会治理与创新实验，推动社会建设和社会问题的解决。"剧变时代的社会创新"是校友公益委员会成立后首次工作坊的主题。2019 年 4 月，校友公益委员会召开全体委员大会及会长工作会，探讨公益委员会工作学习方向，确定乡村振兴、基础教育和公益体验等核心工作方向。

在共创中不断磨合成为校友公益委员会的重要发展印记，如秘书长回忆道"50 位公益委员来自不同行业、不同领域，具有不同的认知，大家对公益的理解各不相同，相互'磨合'就成了家常便饭……而'村长工作坊'项目的出现从一定程度上为这种'磨合'提供了载体"。

（2）共创与迭代

2021 年，北大国发院成功举办了两届"村长工作坊"，总计 69 位村干部学员参加，跨越 20 个省份。学员以村支书或（兼）村主任为主，也包括第一书记和乡党委书记等特殊职位。

每次工作坊活动主要包含课堂分享与互动、实地考察、建模与行动计划三个模块内容。与传统自上而下传导的培训不同，工作坊中每个模块嵌入在不同的议题与场景之中，均强调各地村主任之间，村主任与教授、讲员之间，村主任与企业管理者、行业专家、社会创新行动者之间的多元互动和平等对话。图 8-10 至图 8-14 为"村长工作坊"活动现场所拍摄。

图 8-10　校友公益委员与村主任共同排演话剧

图 8-11　首届"村长工作坊"合影

资料来源：2021 年 7 月 11 日 拍摄于北京大学承泽园

图 8-12 "村长工作坊"预调研过程中的视觉记录

图 8-13 讲员主题分享与课堂互动

图 8-14　村主任通过共创设计乡村发展原型

　　村主任学员分成不同小组，各组学员结合课程启发以及当地村庄情况，制订未来乡村发展的行动计划，并进行共创研讨。以村主任的介绍与思考为基础，进行多元主体的讨论、反馈、反思与协作。

（3）共创工具与行动学习

　　利用 3D 建模、世界咖啡、圆圈分享等共创工具，构建催化、学习与使能的场域，促进各地村主任分享观点，形成思维碰撞和相互启发。基于某一具体村庄的现状、问题以及未来愿景，构建未来村庄发展路径的原型，并经历多阶段的交流、反思与迭代。图 8-15a、图 8-15b、图 8-16 为"村长工作坊"应用相关共创工具示例。

图 8-15a　村主任进行 3D 建模

图 8-15b　村主任进行 3D 建模

图 8-16　村主任进行世界咖啡

每个小组均配备一名跨界辅导员，来自高校、企业等多元领域，在讨论过程中融入不同视角，并辅助村主任学员完成建模与行动计划。

结业前，各地村主任学员与教授、讲员、企业管理者、行业专家、社会创新行动者等多元主体之间，开展圆桌对话，分享工作坊的心得感悟以及未来村庄发展的计划。

◆ 8.2.3 "双碳"战略与共创范式

国家主席习近平于 2020 年 9 月在第七十五届联合国大会一般性辩论上提出了我国 2030 年碳达峰、2060 年碳中和的目标（简称为"双碳"目标）。碳达峰指国家、城市、企业等主体的二氧化碳排放在由升转降的过程中达到最高点，碳中和是指人为排放量与通过植树造林，碳捕捉与封存技术等碳移除活动汇达平衡。此次承诺将对全球气候变化产生深远而积极的影响，这既是我国能源革命乃至可持续发展推进的新机遇，也对我国社会经济的转型和发展提出了巨大挑战。

在"双碳"目标的愿景纽带下，需要营造更多共创的场域，围绕碳减排的某议题，让跨区域、跨部门、跨领域的主体走在一起，持续地交流、反思、学习与迭代，探寻有效的行动方案。碳排放嵌入在广泛的经济社会活动当中，碳排放的变化受到能源结构调整、技术进步、城镇化、实体产业转型等各方面因素的影响。此外，不能将碳减排作为一个孤立的目标来应对，在促进碳减排的过程当中，还要同经济发展、能源安全保障、区域空间布局、环境治理等多个方面的目标相协同，否则很容易陷入顾此失彼的发展困境。"双碳"目标需要统筹能源结构优化、碳汇技术的发展与应用以及广泛经济社会活动中的能效提升等多种路径来实现。能源、制造、交通、金融等多部门的转型与变革是促进"双碳"目标的核心驱动力。多个地方政府也陆续出台了碳达峰、碳中和行动计划，北京等地已明确提出碳中和的时间表、路线图。在经济、社会与环境系统越来越紧密耦合且复杂关联的今天，无论对于国家、地方，还是对于企业或其他社会主体，基于已有知识和经验都已无法给出碳中和路径的清晰答案，依靠单边努力来应对碳减排往往也是低效的、不可持续的。

◆ 8.2.4 碳中和目标下气候投融资的挑战与应对

金融作为决定资源配置的重要领域，将在"双碳"目标的实现过程中发挥价值引领与杠杆作用。生态环境部等五部委于 2020 年 10 月 21 日联合下发《关于促进应对气候变化投融资的指导意见》，指出了金融在推动碳中和目标实现路径中的重要作用。根据该《意见》，气候投融资是指"为实现国家自主贡献目标和低碳发展目标，引导和促进更多资金投向应对气候变化领域的投资和融资活动"。相比传统的投融资活动，"双碳"目标下的投融资活动将更为典型地面临诸多复杂环境系统下的顽劣问题。

环境系统方面，气候投融资面临复杂多变的国内外运行环境。在"百年未有之大变局"下，国际局势动荡不定，国内综合治理环境也在持续演化。疫情冲击下世界各国的经济复苏计划尚未明朗，美国作为全球第二大碳排放国在《巴黎协定》上的摇摆态度，为全球气候变化治理格局带来不稳定因素。欧盟等地针对气候变化的国际贸易与合作政策也在持续生成和演变中。欧盟推出的碳边境税制度，也在持续经历协商和演化之中，发达国家与发展中国家之间就"共同但有区别责任"这一原则争议不断。气候治理是一项全球联动的工程，国际的气候治理形势将一定程度上影响到国内碳排放相关的治理与实践。从国内环境来看，随着疫情防控的常态化，市场需求和供应链体系也面临着波动与中断风险，额外加入气候变化的考量后，投融资标的的流动性与存续性更加难以预判。具体来看，气候投融资的运行环境涉及能源、制造、交通运输等行业的转型与变革，面对不同部门潜在的认知差异与利益分歧，气候投融资政策的落地执行可能偏移政策初衷。以能源政策为例，在传统能源替代过程中，新能源领域资金的过度集中可能会引起新一轮的产能过剩，导致弃风、弃水、弃光现象的不降反升，这一现象就曾在光伏产业中出现。此外，伴随着相关前沿产业的快速更迭，常规的干预与评估工具也很可能面临失效。

气候投融资活动本身需要应对的问题也更多呈现出顽劣属性。投融资活动一般以平衡风险与收益为核心，而气候投融资的价值锚点须由经济单维转向至少"经济—环境"两维，为金融机构的风险控制与盈利能力都带来了额外的不确定性。碳排放问题涉及众多相关方及要素，投融资在引领产业转型需要考量跨领域、跨部门、跨组织的互赖与互动关系。如金融与环保作为气候投融资的核心领域，主管部门间如何达成共识并形成政策协同；中央政府对地方政府的考核如何平衡经济指标与环境指标的侧重；对于金融机构的内部利益，也需要在传统投资和环境投资之间进行协调分配，将组织要素与未来目标进行匹配变得极具挑战。此外，气候问题的解决要依靠科技创新，而前沿产业的高速发展往往伴随着快速更迭，导致了气候投融资风险的不断生成。对于能源活动相关产业而言，虽然资源利用效率的提高在长期上会带来成本下降，但设备的大规模更新和技术升级难免在短期内对企业的经营利润造成压力。

此外，气候投融资相关问题目前还呈现出较高程度的模糊性，各利益相关方对气候投融资有着多种的认知与理解，难以统一。目前，国内气候会计基础架构、气候核算、气候数据披露、气候评估标准等气候投融资相关的基础设施尚未健全，与国际相关规则与标准的衔接也有待进一步加强。不同部门和行业领域的认知及话语体系都存在着差异，现有条件下对相同政策的解读与落地过程中都可能会出现偏差。此外，投融资参与主体对环境价值与投资收益之间的关系尚需进一步形成共识。现有的沟通与协调机制，难以实现多利益相关方在气候投融资层面上的共商与共识。

由此可见，**一方面，气候投融资活动所运行环境中的各领域要素复杂关联且频繁波动，政策或行动干预的效果难以被准确预测；另一方面，各利益相关方对气候投融资有着多种的认知与理解，前沿产业的高速、更迭发展伴随着气候投融资风险的不断生成，而气候投融资产业的发展又会反过来影响各利益相关方的态度与行动，这种模糊性、生成性与反身性又引致了气候投融资问题本身的顽劣性。**因此，未来更多需要转变部门化、领域化的条块思维，打造以气候投融资问题为核心议题的共创社群，营造多元创新主体的催化场域，以共创范式响应产业变革。共创范式对于"双碳"目标下的气候投融资而言意味着以下几点转变。

第一，转变部门化、领域化的条块思维，以共创范式响应产业变革。汇集多元主体，让跨界、有代表性的利益相关方走在一起，通过多元主体的共同参与和协同努力，持续推进气候投融资的机制、模式和产品创新。如引导国际组织与国内机构、中央政府与地方政府、政府机构与企业单位、环保部门与金融部门等主体间的跨界协同，在不同专业视域和认知基础上寻求共识，促进形成较为统一的气候投融资政策体系和标准体系。此外，协调由于各方利益诉求不同而可能造成的决策分歧和行为冲突，既要保障环境、产业、金融等相关政策的有力执行，也要确保市场化机制的正常运转。

第二，鼓励搭建共创场域，营造多元创新主体的交互空间。共创发生于跨领域、跨层级、跨组织的松散型网络，多元主体在价值导向、认知规范和行为惯例上很可能显现出互异张力。因此，营造共创的支持性场域尤为重要，在场域中需构建三个重要功能：一是学习，气候投融资覆盖多个领域的专业内容，有效场域可以打破信息与知识的条块壁垒，实现多元信息与知识的呈现、交互以及更迭，促进参与主体在交流与行动过程中的共同学习；二是催化，有效场域可以促进政策制定者、金融与环保等行业专家、企业家、学者等共同看见与共同行动，调动参与主体的思维范式与角色转换，催生创新的涌现与交互；三是使能，充分调动各利益相关方的内生动力，激活他们贡献解决方案的潜力，促进各领域视角与专业优势更有效地转化为协同的创新行动。

第三，实现向共创过程的范式转变，促进政策与实践的持续迭代升级。复杂环境系统下气候投融资的推动具有生成性与反身性，很难形成一个即时解决的完备方案，新的矛盾和应对方案都会不断衍生。共创过程需要颠覆原来的规划思路，由原型替代蓝图，由迭代替代规划，由试验替代实施，由反思替代评估，进而实现政策与实践的螺旋上升曲线。在此过程中，参与主体进行多轮的观念碰撞、思想交流、协同行动与集体反思，而气候投融资的相关内容也会在原型呈现、分布试验、迭代更新等过程中持续完善。

8.3 剧变时代下的企业战略变革与共创范式

◆ 8.3.1　战略管理的范式变革

在今天的 VUCA 环境下，企业之间的竞争内涵已由"商业模式的竞争"越来越多地上升到"生态系统的竞争"。尤其在当下数智化浪潮中，企业战略变革的场景变得复杂而多元，既要避免错失变革的良机，也需谨防踏入转型的陷阱和误区。正如前述章节内容所强调，**面对企业所处的复杂环境以及所要应对的复杂战略问题，有效的战略变革将会越来越依赖于跨界、共创**

的集合智慧，而非单一的规划或计划思维。面对复杂环境与转型议题，企业唯有与各类相关方携手共进，深化利益联结机制，强化组织韧性与动态应变能力。

战略管理是一个组织根据对外部和内部环境的评估而制定并实施主要目标和措施的过程。随着环境的变化，战略内涵也在不断演变。现代管理理论多数基于工业化的制造业时代，侧重于在相对稳定、可预测、常态化的环境中制定和实现明确的目标。然而，在今天的 VUCA 时代，这种传统的战略思维模式受到了挑战。VUCA 环境中，各种环境要素变得非结构化和不可预测，事态发展不再遵循线性和连续的演化路径。管理学家亨利·明兹伯格在其影响力深远的著作《战略计划的兴衰》中指出，企业战略是无法完全被预先计划的。因为计划制订是经典分析范式下的产物，其假定企业的环境都是常态的、可分析的，管理问题本身也是清晰和可以精准描述的，通过对管理问题进行解构来得到企业战略变革的答案。而对于现代企业，战略制订越来越强调全局性、综合性和应变性。计划对于流程管理、库存管理等生产经营的具体活动是有效的，但对于企业的战略而言作用是非常有限甚至是误导性的。计划思维下的管理者或实干家对于战略而言的作用更多是提出质疑、提供线索，而非给出战略设计的答案。明兹伯格指出战略设计不能像制订计划一样被模式化，依赖于以往经验模式来预测未来不连续、非线性的商业演化是无效的。

对于有效的战略制定而言，明兹伯格强调了数个不同于分析范式的原则，例如：由综合的意见、判断而制定出来，由经验丰富和整合能力强的人员参与；具有想象色彩，而不是完全程式化的；注重直觉和潜意识对于战略创新的作用；意识到管理问题是非线性、非结构化的，注重战略制定的时机与动态应变。

对于企业捕捉转型机遇和实施战略变革而言，尤其在日益凸显的 VUCA 环境下，共创越来越成为企业必须掌握的方法与工具。对于企业，共创范式中强调的多元性和交互性又可以分解为两个层面。**一是向外横向的汇聚，即企业与生态中的利益相关方（如商业伙伴、社会组织、政府、社区以及消费者之间）之间形成共创**。企业通过与利益相关方共创来整合内外部的视角、资源和智慧，有助于为企业预判市场趋势、识别转型机遇、预警潜在风险以及优化战略制定等得出更加全面深入的洞见。**二是向内纵向的汇聚，企业内**

的高、中、基层员工及业务单元之间的协同与共创。越来越多企业的创新产品与设计、新市场机遇捕捉等来源于中基层或相关业务单元。此外，一些对于企业而言关键的，甚至是致命的风险预警可能蕴藏在中基层而非高层的视野之中。这也和明兹伯格提出的"基层战略"（Grass-root strategy making）思想一致。

在管理研究领域，组织的"注意力"被视为一种无形却重要的战略资源。注意力决定了组织如何对其内外部环境进行信号接收、信号转译、建立认知并开展相应决策行动。注意力对于企业的发展与变革至关重要，企业是否能敏锐识别各环节的运营风险、是否能在快速变化环境中捕捉新的商机，都是由组织注意力特质所决定的。在当前复杂的商业环境下，企业瞬息万变的机遇和风险敞口并非能依靠领导者的单一视角来实时洞见，其重要信息与判断往往蕴藏在企业商业伙伴、客户以及各级高管和员工等多元分布的注意力体系之下。**共创使得企业内外部利益相关方的视角和注意力得以整合与协同，帮助企业建立更加完备而非单一的注意力结构，进而促进企业更加稳健地把控各类运营风险和更为全面地洞见企业转型与发展机遇。**

Timo 和 Quy（2016）一篇阐释"诺基亚如何输掉了智能手机的战争？"的文章中，重点指出了诺基亚因为忽略高层和中基层员工之间建立注意力协同而错过企业业务的最佳转型时机，进而陷入被动。2005—2010 年，诺基亚从科技终端业务世界领先的神坛上迅速衰落。诺基亚高管和中层业务主管之间缺乏共创范式下的沟通与协同机制，其对手机业务市场的走向和对潜在外部威胁的感知判断存在差异。这种注意力的错配使得诺基亚迟迟未能作出业务转型的判断与决策，进而错过了传统手机向智能手机转型的最佳时间窗口。

◆ 8.3.2 企业共创的前沿案例与未来展望

现实中，越来越多的国内外知名企业注重运用共创的方法与工具来实现战略优化、提升企业韧性、推动业务与产品创新、建立组织文化等。例如谷歌（Google）、苹果（Apple）、乐高（LEGO）等设计团队经常借助共创工作坊来开发新产品和改进用户体验。通过邀请设计师、员工和用户群体来整合需求与创新，进而不断推出世界级的产品和服务，实现竞争力的持续升级。惠普（HP）在 2015 年进行上市公司的分拆决策前，邀请内外部的利益相关方参与战略决策，包括企业高管、员工、合作伙伴、客户以及业内专家等。通过深入的共创研讨，从战略方向、品牌定位、产品组合和服务模式等多个方面汇集思考与洞见，进而制订了更加科学、稳健的分拆计划。特斯拉（Tesla）与跨界的非营利组织 NREL（National Renewable Energy Laboratory）合作，共同改进电动汽车的性能和可靠性，以推动电动汽车技术的发展。NREL 基于其在可再生能源领域的专业技术和知识积累，并借助其实验室的测试平台，帮助特斯拉改进了其电池系统的设计和性能。

在中国企业中，尤其是近年来的互联网巨头中，共创的理念与方法越来越被接受和采纳。2021 年，腾讯完成了企业的第四次战略升级，将推动可持续社会价值创新作为核心战略，并成立了可持续社会价值事业部。面对日益复杂的商业环境，腾讯深知在解决痛点问题时，单兵作战的力量是有限的。而只有通过与社会及广泛利益相关方的协同共创，才能找到问题的有效应对方案，促进企业在社会大背景下实现可持续发展。在这次战略升级中，腾讯更加注重从系统性、全链条的视角来识别关键痛点，打破创新和运营决策的边界。对于实施方法，腾讯强调了不仅仅依靠技术和资源优势的应对范式，而是要依托与各方协同、社会共创来探寻商业和社会共同发展的新路径。作为科技助力社会发展的前沿探索者，腾讯通过运用科技和创新能力，协同多方力量，探索可持续解决方案，推动社会价值和经济效益的融合发展。

事实上，2021 年腾讯正处于企业收入与利润增速的显著放缓，基于挑战与发展机遇并存的新阶段，马化腾还提出了"CBS"三位一体的发展思路。腾讯将用户（C）、产业（B）和社会（S）三个维度融合，依托于系统性视角来构建商业战略，指向企业与社会共生的综合性价值，并以此开拓新的市场机遇。而要在新阶段下有效推进战略升级，腾讯内部探索出的方法论就是共创。正如马化腾在集团年刊中提到的：

经过一年的探索，我们找到的方法是共创……。首先，在公司内部，我们看到了，共创的方法，可以在社会价值领域把大家拧成一股绳。以去年的河南抗灾为例，不只是 SSV 在行动，而是迅速牵引了公司各产品的主动参与、共同创造。大家印象最深的是"救命文档"，腾讯文档团队与用户共创，帮助救援人员与受灾民众信息对接……这些内部共创，都是有共同目标在激发大家，都是开放的、非功利的、能快速进行跨团队协作，都是利用各自的产品能力进行创造性应用，从而在 C、B、S 三个维度上自然融合……一个社会议题要解决好，往往不能只靠单方创造，而是社会各方共同参与创造的结果。社会共创是社会价值的最大生产力。

另外一家科技巨头小米也在共创理念下提前布局和优化其生态体系。小米通过搭建开放平台，在"投资＋孵化"的方式下构建了庞大的生态圈合作伙伴系统。基于和合作伙伴共享资源、技术和渠道，小米实现了开放创新和资源整合，共同打造产品、服务和解决方案，促进多方共赢和价值共享。针对用户，小米通过开展用户体验改进计划、用户调研和产品沟通会等活动，在产品升级中整合用户需求和意见。此外，小米注重内部创业文化的培育，鼓励并支持员工提出新的想法和创新方案，激发了员工的创造力和积极性，促进公司内部的价值共创。

可以看到，共创已然成为国内外企业实现战略升级和产品创新的重要手段。在运用共创范式赋能企业战略之前，企业需要对其所处的环境以及所要应对的问题建立正确认知。一方面，企业不能将管理环境与管理问题混为一谈，否则容易引致战略决策的对象偏误；另一方面，企业需要认识其管理环境的复杂多变性，以及管理问题的顽劣性和非结构性，同时建立管理环境与问题之间的系统性洞察。这种认知层面的变革升级是企业在未来有效实现战略转型的关键前提。在共创范式下，企业可以从以下几个方面来考虑管理提升。

（1）强调合作和协作。共创需要各方之间的协作。企业应该鼓励跨部门、跨层级和跨组织的合作，打破信息孤岛和内部壁垒，促进不同团队之间的交流和互动。通过分享资源、经验和专业知识，各方可以共同探索新的思路和解决方案，推动战略变革的实现。

（2）多元利益相关方的参与。共创需要多样性和多元化的参与者。企业应该邀请来自不同部门、背景和专业领域的员工参与共创活动。同时，也可以邀请外部合作伙伴、行业专家和顾问等外部资源加入共创过程。这种多元利益相关参与可以带来不同的视角、经验和创意，丰富了共创的内容和成果。

（3）创建共创平台。企业需要建立一个开放的共创平台，为内部员工、外部合作伙伴和利益相关者提供一个参与创新和决策的空间。这个平台可以是一个在线平台、创新实验室、创新中心或共享工作空间等。这样的平台将各方聚集在一起，促进合作、共享知识和创意，激发创新的力量。

（4）敏捷试错和迭代。共创过程中应该鼓励试错和快速迭代。企业可以采用敏捷的方法和工具，进行快速原型制作、用户测试和反馈循环。这样可以快速验证创意和解决方案的可行性，并及时调整和改进。通过持续的迭代，企业可以更好地适应变化，推动战略变革的实施。

参考文献

亨利·明兹伯格 . 战略计划的兴衰 [M]. 北京：中国经济出版社，1994.

陈春花 . 泰勒与劳动生产效率 —— 写在《科学管理原理》百年诞辰 [J]. 管理世界，2011(7): 164-168.

高小芹，刘国新 . 共创理论及其在技术创新中的应用 [J]. 科研管理，2009, 30(9): 81-86.

刘颖，胡珑瑛，王钢 . 智慧城市背景下的知识集成机制研究 [J]. 科技管理研究，2017, 37(3): 102-109.

吕佩，邓卫华，李鑫 . 价值共创视角下的政策学习及其影响研究 [J]. 公共管理学报，2022(2): 60-71+168-169.

梅红 . 组织沟通研究述评 [J]. 华南理工大学学报（社会科学版），2007(4): 5-11.

盛昭瀚，于景元 . 复杂系统管理：一个具有中国特色的管理学新领域 [J]. 管理世界，2021(6): 36-50+2.

田志龙，蒋倩 . 中国 500 强企业的愿景：内涵，有效性与影响因素 [J]. 管理世界，2009(7): 103-114+187-188.

万文海，王新新 . 共创价值的两种范式及消费领域共创价值研究前沿述评 [J]. 经济管理，2013，35(1): 186-199.

王超，张晗，许睿谦 . 剧变时代，顽劣问题与共创：从"环境系统—问题"矩阵到应对范式转变 [J]. 管理，2022(1): 84-123.

吴瑶，肖静华，谢康，等 . 从价值提供到价值共创的营销转型 —— 企业与消费者协同演化视角的双案例研究 [J]. 管理世界，2017(4): 138-157.

辛杰，谢永珍，范蕾 . VUCA 背景下量子型领导的源起，维度与测量 [J]. 商业经济与管理，2020 (4): 39-51.

辛杰，谢永珍，屠云峰. 从原子管理到量子管理的范式变迁 [J]. 管理学报，2020，17(1)：12-19+104.

杨伟，王康. 供应商与客户价值共创互动过程研究综述 [J]. 软科学，2020，34(8)：139-144.

张毅，贺欣萌. 数字赋能可以纾解公共服务均等化差距吗？——资源视角的社区公共服务价值共创案例 [J]. 中国行政管理，2021(11)：131-137.

周文辉，曹裕，周依芳. 共识、共生与共赢：价值共创的过程模型 [J]. 科研管理，2015，36(8)：129-135.

ACS Z J, SZERB L, ORTEGA A R, et al. The European growth and jobs monitor: a database[J]. Small Business Economics, 2017, 48(2): 455-473.

ANDERSSON C, TÖRNBERG P. Wickedness and the anatomy of complexity[J]. Futures, 2018 (95): 118-138.

ARBNOR I, BJERKE B. Methodology for creating business knowledge[M]. London: Sage Publications, 2008.

ASHBY W R. Variety, constraint, and the law of requisite variety[J]. Emergence: Complexity & Organization, 2011 (13): 190-207.

BALTACI A, BALCI A. Complexity leadership: a theoretical perspective[J]. International Journal of Educational Leadership and Management, 2018, 5(1): 30-58.

BENNETT N, LEMOINE J. What VUCA really means for you[J]. Harvard Business Review, 2014, 92(1/2): 27.

BITNER M J, OSTROM A L, MORGAN F N. Service blueprinting: a practical technique for service innovation[J]. California Management Review, 2008, 50(3): 66-94.

BOAL K B, SCHULTZ M. Storytelling, time, and evolution: the role of strategic leadership in complex adaptive systems[J]. The Leadership Quarterly, 2007, 18(4): 411-428.

BOLAND R J, COLLOPY F. Design matters for management[M]// BOLAND R J, COLLOPY F. Managing as designing. California: Stanford University Press, 2004: 1-18.

BOXENBAUM E, BATTILANA J. The missing link: a transformational view of social capital in action research [J]. Academy of Management Review, 2005, 30(4): 779-802.

CANDEL J, BREEMAN G E, TERMEER C. The European Commission's ability to deal with wicked problems: an in-depth case study of the governance of food security[J]. Journal of European Public Policy, 2016, 23(6): 789-813.

CHERRIER H, GOSWAMI P, RAY S. Social entrepreneurship: creating value in the context of institutional complexity [J]. Journal of Business Research, 2018 (86): 245-258.

CILLIERS P, PREISER R. Complexity, difference and identity: an ethical perspective[M]. Berlin: Springer Science & Business Media, 2010.

CLARKE M, STEWART J. Handling the wicked issues: a challenge for government[M].

Institute of Local Government Studies, University of Birmingham, 1997.

CONKLIN J. Dialogue mapping: building shared understanding of wicked problems[M]. New Jersey: John Wiley & Sons, Inc, 2005.

CZARNIAWSKA B, SEVON G. Translating organizational change[M]. Berlin: Walter de Gruyter, 1996.

DEFRIES R, NAGENDRA H. Ecosystem management as a wicked problem[J]. Science, 2017, 356(6335): 265-270.

DENTONI D, BITZER V, PASCUCCI S. Cross-sector partnerships and the co-creation of dynamic capabilities for stakeholder orientation[J]. Journal of Business Ethics, 2016, 135(1): 35-53.

DESAI V M. Dynamics of collaborative innovation: exploring the tensions between exploration and exploitation[J]. Journal of Management Studies, 2010, 47(8): 1509-1538.

DIETZ T, OSTROM E, STERN P C. The struggle to govern the commons[J]. Science, 2003, 302(5652): 1907-1912.

DOKKO G, GABA V. Venturing into new territory: career experiences of corporate venture capital managers and practice variation[J]. Academy of Management Journal, 2012 (55): 563-583.

DORADO S, VENTRESCA M J. Crescive entrepreneurship in complex social problems: institutional conditions for entrepreneurial engagement[J]. Journal of Business Venturing, 2013, 28(1): 69-82.

FERRARO F, ETZION D, GEHMAN J. Tackling grand challenges pragmatically: robust action revisited[J]. Organization Studies, 2015, 36(3): 363-390.

FISCHBACHER D. Framing the UK's counter-terrorism policy within the context of a wicked problem[J]. Public Money & Management, 2016, 36(6): 399-408.

FURNARI M. Design as interaction: a framework for collaborative innovation[J]. Design Issues, 2014, 30(1): 63-73.

FURNARI S. Interstitial spaces: microinteraction settings and the genesis of new practices between institutional fields[J]. Academy of Management Review, 2014, 39(4): 439-462.

GARUD R, GEHMAN J, KUMARASWAMY A. Complexity arrangements for sustained innovation: Lessons from 3M Corporation[J]. Organization Studies, 2011, 32(6): 737-767.

GEORGE G, HOWARD-GRENVILLE J, JOSHI A, et al. Understanding and tackling societal grand challenges through management research[J]. Academy of Management Journal, 2016, 59(6): 1880-1895.

GOLDSTEIN J. Emergence as a construct: History and issues[J]. Emergence: Complexity & Organization, 1999, 1(1): 49-72.

GONDO M B, AMIS J M. Variations in practice adoption: the roles of conscious reflection and discourse [J]. Academy of Management Review, 2013, 38(2): 229-247.

GRANOVETTER M S. The strength of weak ties[J]. The American Journal of Sociology, 1973,78(6): 1360-1380.

HARGADON A B, BECHKY B A. When collections of creatives become creative collectives: a field study of problem solving at work[J]. Organization Science, 2006, 17(4): 484-500.

HEAD B W. Forty years of wicked problems literature: forging closer links to policy studies[J]. Policy and Society, 2018, 37(3): 397-418.

HENGST I, JARZABKOWSKI P, HOEGL M, et al. Toward a process theory of making sustainability strategies legitimate in action [J]. Academy of Management Journal, 2020, 63(1): 246-271.

HOOKER C. Philosophy of complex systems: A: Part A: Towards a framework for complex system[M]// GABBAY D M, THAGARD P, WOODS J, HOOKER C. Philosophy of complex systems Amsterdam: Ebsevier, 2011: 3-90.

HUMMELBRUNNER R, JONES H. A guide to managing in the face of complexity [M]// EDELENBOS J, MEERKERK I, STEEN B. Complexity and the art of public policy: solving society's problems from the bottom up. Oxfordshire: Routledge, 2013: 85-104.

JENTOFT S, CHUENPAGDEE R. Fisheries and coastal governance as a wicked problem [J]. Marine Policy, 2009, 33(4): 553-560.

KAST F E, ROSENZWEIG J E. General systems theory: Applications for organization and management [J]. Academy of Management Journal, 1972, 15(4): 447-465.

KENNEDY A M, BLOK V, HÖGSTRÖM C. Uncovering wicked problem's system structure: seeing the forest for the trees [J]. Journal of Social Marketing, 2017, 7(2): 136-158.

KOONTZ H. The management theory jungle revisited[J]. Academy of Management Review, 1980, 5(2): 175-188.

KOONTZ H. The management theory jungle [J]. Academy of Management Journal, 1961, 4(3): 174-188.

KURTZ C F, SNOWDEN D J. The new dynamics of strategy: sense-making in a complex and complicated world [J]. IBM Systems Journal, 2003, 42(3): 462-483.

LANCASTER K. Consumer demand: a new approach [M]. New York: Columbia University Press, 1975.

LAVIE D, SINGH H. Connecting the dots in technological innovation: a bibliometric analysis of the triple helix framework [J]. Journal of Technology Transfer, 2012, 37(6): 812-829.

LEVIN K, CASHORE B, BERNSTEIN S, et al. Overcoming the tragedy of super wicked problems: constraining our future selves to ameliorate global climate change [J]. Policy Sciences, 2012, 45(2): 123-152.

LOCKE K, FELDMAN M, GOLDEN-BIDDLE K. Coding practices and iterativity: beyond templates for analyzing qualitative data [J]. Organizational Research Methods, 2020, 25(2): 262-284.

LOCKWOOD T. Design thinking: integrating innovation, customer experience, and brand value [M]. New York: Allworth Press, 2009.

LUTHANS F, STEWART T I. A general contingency theory of management [J]. Academy of Management Review, 1977, 2(2): 181-195.

MARION R, UHL-BIEN M. Leadership in complex organizations [J]. The Leadership Quarterly, 2001, 12(4): 389-418.

MCEVILY B, ZAHEER A. Bridging ties: a source of firm heterogeneity in competitive capabilities [J]. Strategic Management Journal, 1999, 20(12): 1133-1156.

MILLAR C, GROTH O, MAHON J F. Management Innovation in a VUCA World: challenges and Recommendations [J]. California Management Review, 2018, 61(1): 5-14.

NANDAKUMAR M K, JHARKHARI S. Environmental uncertainty and flexibility [J]. Global Journal of Flexible Systems Management, 2012, 13(2): 121-122.

NEWMAN J, HEAD B. The national context of wicked problems: comparing policies on gun violence in the US, Canada, and Australia [J]. Journal of Comparative Policy Analysis: Research and Practice, 2017, 19(1): 40-53.

OHLKE M C, DUHAN D F, WILCOX J B. Organizational communication: relationships to organizational climate, satisfaction, and commitment [J]. Journal of Business Communication, 2000, 37(1): 70-99.

OLIVER K, KHARE A, KRÄMER A, et al. Managing in a VUCA world [M]. Berlin: Springer, 2016.

OLIVER P E, MARWELL G. The paradox of group size in collective action: a theory of the critical mass [J]. American Sociological Review, 1988, 53(1): 1-8.

PAYNE A F, STORBACKA K, FROW P. Managing the co-creation of value [J]. Journal of the Academy of Marketing Science, 2008, 36(1): 83-96.

PETERSON M F, MECKLER M R. Cuban-American entrepreneurs: chance, complexity and chaos [J]. Organization Studies, 2001, 22(1): 31-57.

PORTER M E, KRAMER M R. Creating shared value [J]. Harvard Business Review, 2011, 89(1/2): 62-77.

REGAN P M, MCEVILY B. Network structure and knowledge transfer: the effects of cohesion and range [J]. Administrative Science Quarterly, 2003, 48(2): 240-267.

RITTEL H W, WEBBER M M. Dilemmas in a general theory of planning [J]. Policy Sciences, 1973, 4(2): 155-169.

SAHLIN K, WEDLIN L. Circulating ideas: Imitation, translation and editing [M] // SAHLIN K, ANDERSSON K, ENGWALL L. The expansion of management knowledge. California: Stanford University Press, 2008: 110-133.

SHCHERBAKOV V S, CHUHLAEV O V, KHARLAMOVA T V. Iteration as a regulatory function of education management [J]. Eurasian Journal of Analytical Chemistry, 2017, 12(7):

1211-1219.

SNOWDEN D J. Complex acts of knowing: paradox and descriptive self-awareness [J]. Journal of Knowledge Management, 2002, 6(2): 100-111.

STERNAM J D. System dynamics: systems thinking and modeling for a complex world [J]. MIT Sloan School of Management, 2002, 147(3): 248–249.

STIGLER G J, BECKER G S. De gustibus non est disputandum [J]. The American Economic Review, 1977, 67(2): 76-90.

TERMEER M, DEWULF A, BREEMAN G, et al. Governance capabilities for dealing wisely with wicked problems [J]. Administration & Society, 2015, 47(6): 680-710.

TOUBIANA M, OLIVER C, BRADSHAW P. Beyond differentiation and integration: the challenges of managing internal complexity in federations [J]. Organization Studies, 2017, 38(8): 1013-1037.

TSOUKAS H. Don't simplify, complexify: from disjunctive to conjunctive theorizing in organization and management studies [J]. Journal of Management Studies, 2017, 54(2): 132-153.

UHL-BIEN M. Complexity leadership theory: shifting leadership from the industrial age to the knowledge era [J]. The Leadership Quarterly, 2007, 18(4): 298-318.

UHL-BIEN M, MARION R, MCKELVEY B. Complexity leadership theory: shifting leadership from the industrial age to the knowledge era [J]. The Leadership Quarterly, 2007, 18(4): 298-318.

VUORI T O, HUY Q N. Distributed attention and shared emotions in the innovation process: how Nokia lost the smartphone battle [J]. Administrative Science Quarterly, 2016, 61(1): 9-51.

WORLEY C G, JULES C. Covid-19's Uncomfortable Revelations About Agile and Sustainable Organizations in a VUCA World [J]. Journal of Applied Behavioral Science, 2020, 56(3): 279-283.

WYNN D C, ECKERT C M. Perspectives on iteration in design and development [J]. Research in Engineering Design, 2017, 28(2): 153-184.

YEH R T. System development as a wicked problem [J]. International Journal of Software Engineering and Knowledge Engineering, 1991, 1(2): 117-130.

ZHOU Y M. Designing for complexity: using divisions and hierarchy to manage complex tasks [J]. Organization Science, 2013, 24(2): 339-355.